umario

GRANDES ESPACIOS / OUTDOOR
297/ 7,90 €

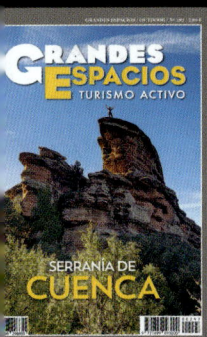

GRANDES
ESPACIOS
TURISMO ACTIVO

SERRANÍA DE
CUENCA

O DE PORTADA
to al Castillo.
avier Carballo

w.desnivel.com/grandesespacios

TA: Ediciones Desnivel S.L.
San Victorino nº 8 • 28025 Madrid.
☎ 913 602 242 • Fax: 913 602 264
ndesespacios@desnivel.com
w.desnivel.com

ector: DARÍO RODRÍGUEZ.
actor jefe: DIONI SERRANO.
ector de arte: GREGORIO ARRANZ.
licidad: MARÍA ÁNGELES TRUJILLO.
ribución: MARÍA JOSÉ SANTAMARÍA

rime: Nueva Imprenta. Papel ecológico
almente libre de cloro). Distribuye: SGEL.
ósito legal: M-39544-1995
N: 1699-093000
N: 978-84-9829-665-5

scripciones
. 91 360 26 20
scripciones@desnivel.com
w.desnivel.com/suscripcion

EN ESTE NÚMERO

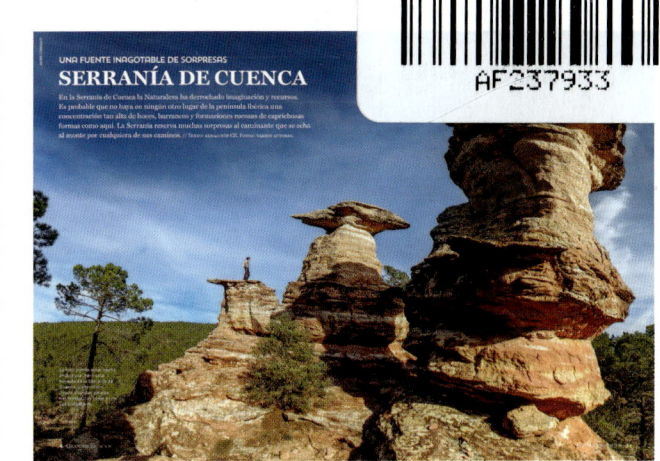

UNA FUENTE INAGOTABLE DE SORPRESAS
SERRANÍA DE CUENCA

SERRANÍA DE CUENCA
Fuente inagotable de sorpresas

En la Serranía de Cuenca la Naturaleza ha derrochado imaginación y
recursos. Es probable que no haya en ningún otro lugar en la península
ibérica una concentración de hoces, barrancos y caprichos geológicos.
La Serranía reserva muchas sorpresas al caminante que se echa al monte por cualquiera de sus caminos

EL ESCALERÓN
Y LA RAYA

HOCES DEL RÍO MIRA

EL CASTILLO Y LOS
CORBETEROS

CHORRERAS
DEL CABRIEL

UNA FUENTE INAGOTABLE DE SORPRESAS
SERRANÍA DE CUENCA

En la Serranía de Cuenca la Naturaleza ha derrochado imaginación y recursos. Es probable que no haya en ningún otro lugar de la península ibérica una concentración tan alta de hoces, barrancos y formaciones rocosas de caprichosas formas como aquí. La Serranía reserva muchas sorpresas al caminante que se echa al monte por cualquiera de sus caminos. // Texto: REDACCIÓN GE. Fotos: VARIOS AUTORES.

La foto podría estar hecha en Arizona, pero está tomada en la Serranía de Cuenca, un territorio donde abundan paisaje tan fantásticos como el de Los Corbeteros.

EL visitante que entra en la Serranía de Cuenca encuentra un paisaje singular, en el que abundan formas geológicas fantásticas que dan lugar a parajes de belleza enigmática. La Serranía forma parte del sistema Ibérico y no constituye una zona de alta montaña, sino que está formada por varias sierras de pequeño tamaño pero con nombre propio, como las de Valdemeca, Valdecabras, de la Madera, del Agua, de Las Majadas y de Tragacete, entre otras.

Cada una de ellas tiene sus características propias pero forman un conjunto homogéneo con aspectos comunes. La mayoría de ellas están constituidas casi exclusivamente por rocas calcáreas, si bien en algunas, como la Sierra de Valdemeca, hay pizarras, areniscas y conglomerados. Casi todas estas rocas se formaron en la era de los dinosaurios —el Mesozoico— y se levantaron y plegaron durante la Orogenia Alpina, la misma que formó los Alpes y Pirineos.

Después, la incansable labor del agua sobre las rocas calcáreas esculpió el paisaje que hoy vemos, sumamente rico en hoces, torcas, arcos,

La Serranía de Cuenca es cuna de varios ríos importantes, como el Júcar y el Cabriel. Debajo, toda la serranía, y en especial el parque natural, posee una estupenda red de senderos señalizados. A la derecha los habitantes más numerosos de la serranía.

JEF WODNIACK / ADOBE STOCK

DIONI SERRANO

JESÚS GARCÍA PATÓN

callejones, simas, cuchillos, escarpes, torres, y otras formaciones que convierten a este lugar en un auténtico museo de arte abstracto al aire libre. Muchos de estos elementos geológicos de interés están contemplados en la Ley de Conservación de la Naturaleza de Castilla-La Mancha como elementos geológicos de protección especial. Es esta singularidad la que también dio lugar a que la Ciudad Encantada de Cuenca —probablemente el lugar más famoso de la serranía y uno de los monumentos naturales más conocidos del país— fuera declarada Sitio Natural de Interés Nacional en el lejano 1927.

También es la Serranía una referencia para el estudio de la formación del paisaje pues conserva series de estratos que cuentan la evolución geológica de hace cientos de millones de años. Y no sólo eso: sus rocas esconden un imponente legado paleontológico formado por restos de mamíferos de la Era Secundaria o restos de huevos de dinosaurio en excepcional estado de conservación.

Pero no todo es mineral, ni mucho menos. La Serranía conserva una de las masas forestales naturales más extensas de España. Entre los 1000 y los 1500 metros de altura, el paisaje está dominado por el pino negral, que ha sido y es explotado comercialmente. A los pinos se añaden robledales entremezclados con carrascales y sabinas albares. En alturas superiores crecen bosques de pino silvestre junto a acebos, tejos, mostajos y robles. Sabinas rastreras y brezos complementan una vegetación singularmente rica que se ve ampliada por la vegetación rupícola y ribereña que se refugia en las numerosas hoces al amparo de sus particulares microclimas.

Serranía viva

Roquedos y bosques ofrecen refugio a una población particularmente importante de aves rupícolas como el alimoche, águila real, buitre leonado, águila perdicera y búho real, y a una no menos importante de mamíferos, como ciervos, corzos, jabalíes, muflones y cabras monteses.

Su valor natural en todos los sentidos condujo a proteger con el rango de parque natural en 2007 una décima parte las 721 000 hectáreas que suman las Serranía Alta, y Serranía Media-Campichuelo y Baja, las tres subcomarcas que conforman la Serranía de Cuenca.

Dentro del parque natural se encuentra parte de la Reserva de la Biosfera del Valle del Cabriel, uno de los importantes ríos que nacen en la serranía. La naturaleza ha sido generosa en este sentido. Las sierras limítrofes entre Cuenca y Teruel, y sobre todo los montes Universales, constituyen la línea divisoria entre los ríos que fluyen hacia la vertiente atlántica y los que lo hacen hacia el Mediterráneo, incluida la cuenca del río Ebro. Además del río Cabriel, aquí inician su andadura los ríos Guadalaviar (llamado Turia más adelante), Cuervo y Júcar.

Por todo lo dicho, la Serranía de Cuenca es un destino muy goloso para cualquier aficionado al turismo activo, en especial, senderistas y ciclistas de montaña. La Serranía está cruzada por multitud de caminos, sendas y cañadas, y el parque natural ofrece una decena de rutas señalizadas que

DIONI SERRANO

La Serranía de Cuenca es también un inagotable terreno para practicar la bicicleta de montaña.

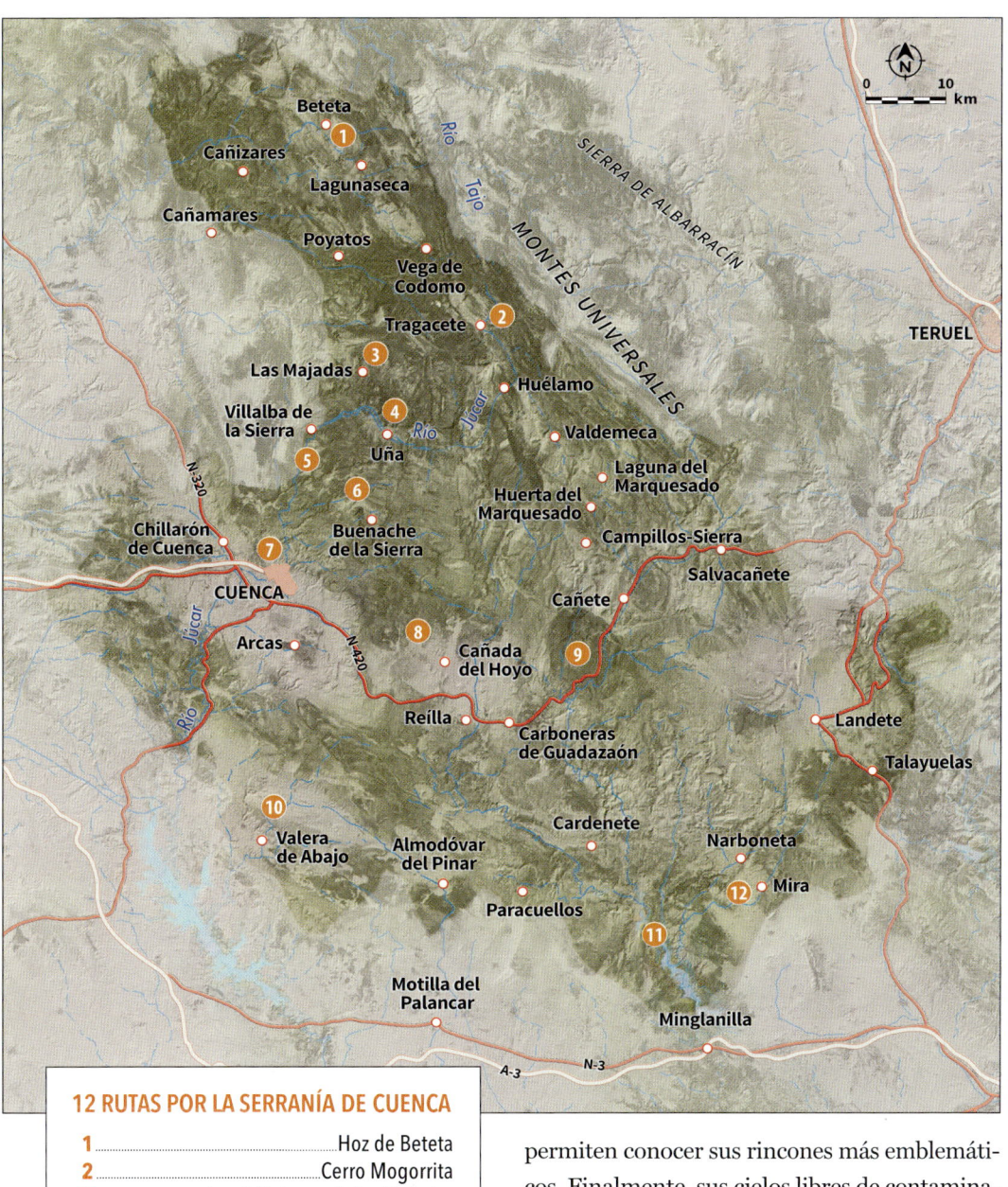

permiten conocer sus rincones más emblemáticos. Finalmente, sus cielos libres de contaminación, atmosférica y lumínica, permiten observar el cielo nocturno sin impedimentos, y esto le ha servido para ser certificada por Fundación Starlight que acredita espacios con una excelente calidad de cielo y que representan un ejemplo de protección y conservación. En definitiva, y resumiendo, la Serranía de Cuenca es un universo propio y muy vivo que siempre sorprende.

Los tilos centenarios son uno de los atractivos más interesantes de la hoz de Beteta, pero no el único. El paseo por el sendero que la recorre es un experiencia deliciosa.

HOZ DE BETETA

La hoz de Beteta es uno de los cañones más
espectaculares de la Serranía de Cuenca.
Seis kilómetros de desfiladero con paredes
de más de 80 metros de altura.
Una senda que transita por la ribera
izquierda del río Guadiela da
la oportunidad de zambullirse en un
maravilloso universo vegetal
y mineral con más de una sorpresa.

Texto: redacción GE. Fotos: varios autores.

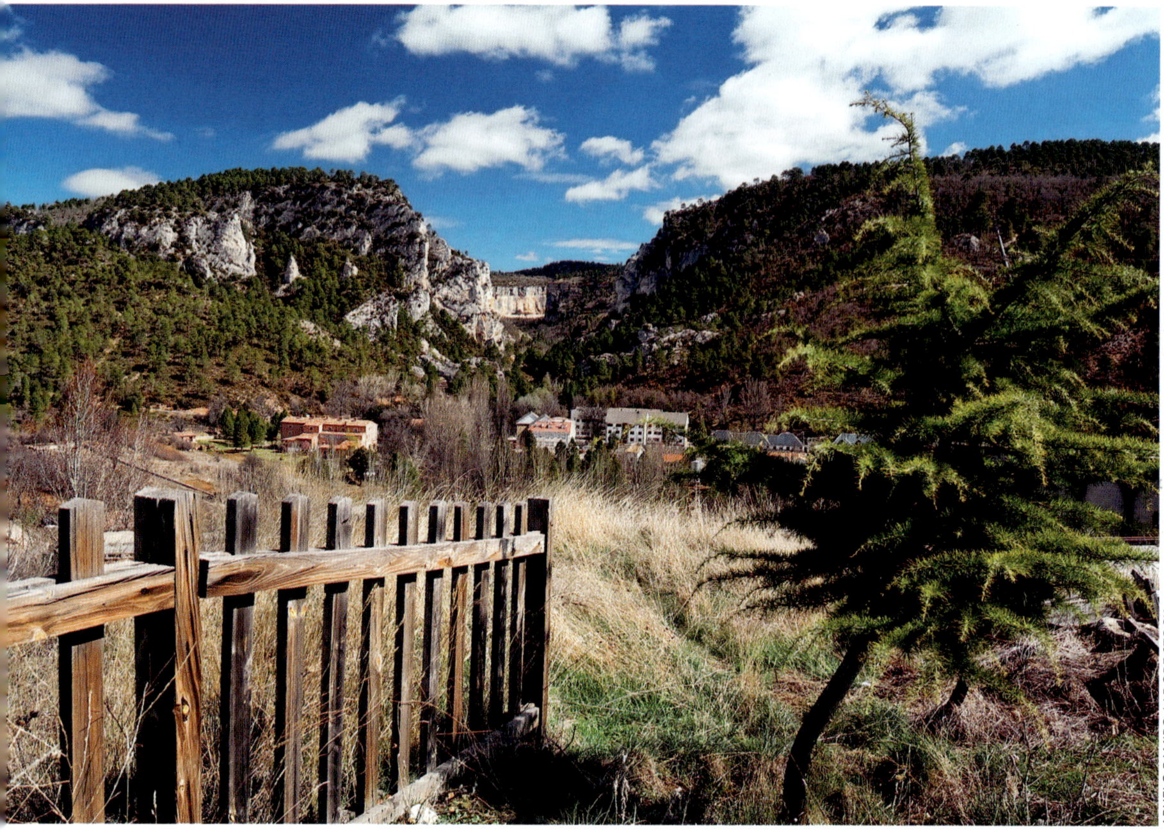

ABUELO RAMIRO / ADOBE STOCK

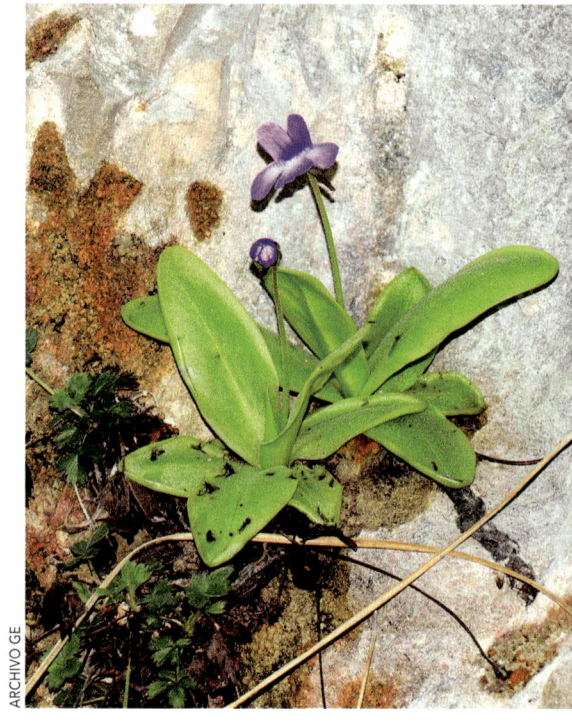

A veces las explicaciones científicas suenan más fantásticas que las que dejan en manos de seres mitológicos la creación de ciertos lugares. En la hoz de Beteta pasa lo propio. Casi nos costaría menos creer que fue obra de un iracundo gigante que demuestra su enfado danto un hachazo a la montaña que la versión científica: que estamos parados sobre el fondo calcificado de un mar (el mar de Tetis) desaparecido hace millones de años por el que, mucho, mucho después, la fuerza erosiva del río Guadiela fue abriendo un canal que se convertiría en el cañón que hoy conocemos, refugio de especies vegetales que, por la situación geográfica de la hoz, no deberían estar ahí ya que son amigas de ambientes atlánticos y no del clima continental que rige donde se encuentran. Sorprenderá poco si se mientan olmos de montaña, avellanos, tejos y

ARCHIVO GE

Arriba, el sendero al borde del río Guadiela lleva el título de «botánico» por la variedad de vegetación que crece. En la otra página, la entrada a la hoz vista desde Puente de Vadillos. Debajo, ejemplar de la *Pinguicola mundi*, una planta carnívora exclusiva de la península ibérica que ha encontrado en Beteta un agradable refugio.

tilos —sobre todo tilos—; pero ¿a que es la primera vez que oímos hablar de la *Pinguicola mundi*, una planta carnívora exclusiva de la península ibérica. La riqueza botánica y faunística de la hoz así como su excepcional geomorfología se reconoció públicamente en 2004 cuando fue declarada Monumento Natural en compañía del sumidero de Matasnos, un embudo situado a unos tres kilómetros al oeste de la hoz por el que desparecen las aguas de un pequeño arroyo que, tras cuatro kilómetros de recorrido subterráneo, surgen en la misma hoz, en la llamada Casa de la Toba, cerca del kilómetro 50 de la CM-210.

La hoz cuenta con varias áreas recreativas y dos senderos señalizados: el Sendero Botánico y el Sendero Temático. El primero tiene sus extremos en el área recreativa de la Casa de la Pradera y en el área recreativa de los Tilos. El segundo comienza en esta última área recreativa y sube hasta el mirador del Armentero. La unión de ambos da lugar a una bonita y descansada excursión salvo el duro repecho final que supera más de 200 metros de desnivel en menos de 650 metros lineales.

ITINERARIO

El punto de partida —y también final de la excursión— es el área recreativa Casa de la Pradera, a la que se llega por una corta pista que sale a la altura del kilómetro 48,5 de la CM-210, entre los pueblos de Villar de Domingo García y Beteta. Enseguida de tomar la desviación se llega a un aparcamiento. El área está a pocos metros al sur,

La excursión que se describe en estas páginas cuenta con señalización propia, de modo que la orientación está asegurada. En la otra página, puente sobre el Guadiela al comienzo de la ruta.

al otro lado del río Guadiela. El área tiene mesas, bancos, fuente, un refugio y carteles que señalan el sendero Botánico. El camino es estrecho y umbrío y la vegetación llega a formar verdaderos túneles; también es enrevesado pues debe ir ajustándose al poco espacio que queda entre el río y las paredes. En algunos tramos se han instalado pasarelas de madera para disminuir la erosión. Sauces, álamos temblones, fresnos y avellanos forman un intrincado bosque de ribera que casi oculta al Guadiela.

Muy pronto empiezan a aparecer al lado del camino los tilos, sin duda la especie más importante de la hoz junto con la citada *Pinguicola mundi*. Algunos ejemplares son monumentales y deben contar sus años por cientos. La luz del sol filtrándose por entre sus hojas, sus troncos retorcidos y sus raíces abrazando las rocas cubiertas de verdín construyen un ambiente mágico. Estos tilos son un recuerdo de los bosques eurosiberianos que ocupaban gran parte de la penín-

sula durante la Glaciación de Würm, la cual duró hasta hace 12 000 años aproximadamente. Tras la retirada de los hielos, los tilos sobrevivieron en zonas húmedas y sombrías como ésta.

De pronto, la senda se ve interrumpida por una gran tubería metálica que sale de la pared de la hoz y que se conoce popularmente como «gusano de acero». Forma parte de las instalaciones de una pequeña central hidroeléctrica ubicada junto al área recreativa de los Tilos a donde llegaremos en breve. En este lugar termina la Senda Botánica y comienza el Paseo Temático hacia la Cueva del Armentero. En media docena de pasos llegaremos a una central hidráulica de nombre … en efecto, Tilos. El agua del Guadiela, embalsada por una pequeña presa, tiene aquí un precioso color esmeralda.

Estamos muy cerca de uno de los lugares más fotogénicos del recorrido: la cascada de Castro, una bonita cortina de agua que forma el agua que desborda del canal que va unos metros más

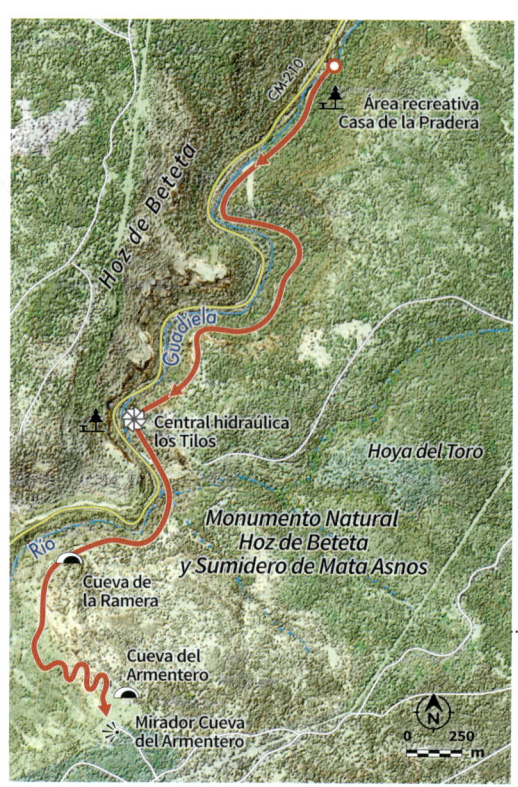

FICHA TÉCNICA

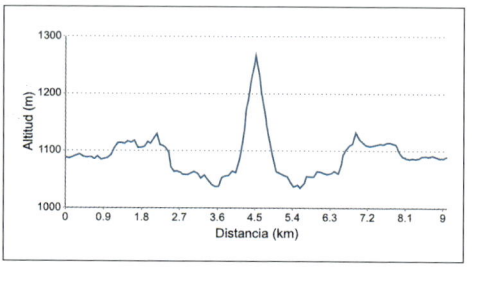

COMIENZO: área recreativa Casa de la Pradera.
TIPO: lineal ida y vuelta.
LONGITUD: 11 km ida y vuelta.
DESNIVEL: ± 400 m.
CARTOGRAFÍA: hoja 539-3 del IGN 1:25 000.
TRACK: https://desni.in/hozbeteta

La cascada de Castro sólo se forma cuando se desborda el agua del canal que va unos metros más arriba. En la otra página, la entrada a la cueva del Armentero, otrora refugio de pastores.

arriba. Si tenemos la suerte de coincidir con alguno de esos desbordamientos, la foto del mes está garantizada.

Tras dejar atrás la cascada nos topamos con una escalera metálica cuyo acceso está cerrado con una puerta. Es la entrada a la cueva de la Ramera o de Don Quijote, una cueva con gran interés arqueológico ya que estuvo ocupada desde el Neolítico hasta hace pocos siglos. También es importante por poseer una colonia de murciélagos de herradura. Antiguamente existía una cornisa rocosa que permitía el acceso y era usada como aprisco, pero un desprendimiento natural hizo inaccesible la entrada, y hubo que construir la presente escalera para visitarla. Actualmente se encuentra cerrada por trabajos de mantenimiento.

Da comienzo aquí la parte más complicada y sufrida de la excursión. Iniciamos el empinado ascenso que ha de llevarnos al mirador del Armentero. En poco más de 600 metros de longitud vamos a ganar alrededor de 250 metros de desnivel. No faltarán motivos para detenerse más de una vez y aprovechar para ir tomando perspectiva de la hoz y del terreno que la rodea.

Ya cerca del mirador pasaremos al lado de la cueva del Armentero, cerrada con un muro de piedra seca y utilizada como refugio de pastores en otro tiempo. Desde el mirador vemos el pueblo de Puente de Vadillos; a lo lejos la zona del embalse de Chincha, la parte de Matasnos, y a la derecha toda la hoz del Guadiela. A la izquierda la zona del Solán de Cabras, por donde entra el río Cuervo, y a lo lejos, podemos ver incluso Carrascosa o Beteta. También observaremos uno de los anticlinales más bonitos del sistema ibérico. ¿Que qué es un anticlinal? Pues un pliegue de la corteza terrestre de forma convexa que presenta los estratos más antiguos en su núcleo.

La cima del Cerro Mogorrita es una lapiaz alomado cubierto de sabina rastrera y un pino retorcido y batido por el viento. También hay una torre de observación y una pequeña estación meteorológica que no se ven en la foto.

CERRO MOGORRITA

El punto de mayor altitud, no sólo de la Serranía de Cuenca sino también de la provincia conquense, se encuentra en la Sierra de Valdeminguete, en el Cerro Mogorrita —o La Mogorrita a secas, como la llaman los vecinos de Tragacete—, cuyo vértice geodésico se alza a 1864 metros de altitud. La excursión que proponemos nos llevará hasta el *techo* conquense atravesando frondosos bosques de robles y pinos, y venciendo empinadas laderas con cinturones calcáreos. En el regreso acompañaremos al río Júcar en sus primeros pasos.

Texto y fotos: Jesús García patón.

TRAGACETE, al igual que otros núcleos urbanos del Parque Natural de la Serranía de Cuenca, es de pequeño tamaño y con una reducida población. Tradicionalmente, su economía se ha basado en la ganadería, agricultura y aprovechamientos forestales relacionados especialmente con la madera, pero desde hace algunos años ha ganado protagonismo el turismo, y con él la aparición y ampliación de la oferta hotelera y de restauración. Son diversos los fines con los que visitantes y turistas acuden a la localidad, pero todos ellos relacionados con el disfrute de su variado y rico medio natural, desde los amantes de los deportes de montaña o de la caza hasta los aficionados a la fotografía o a la micología, entre otros.

El territorio es de intrincada orografía, con importantes sierras del Sistema Ibérico (Montes Universales y Sierra de Valdeminguete), con

El denso pinar que cubre la zona que se atraviesa en esta excursión se aprecia bien en la foto de la izquierda. A la derecha, el escalón rocoso que precede a la cumbre donde tendremos que ayudarnos de las manos.

¿Esquí en Cuenca?

Con la drástica disminución de las nevadas que estamos presenciando, cuesta creer que hubo un día en el que se barajó la posibilidad de instalar una estación de esquí en el Cerro Mogorrita. Así fue, allá por la década de los 70 del pasado siglo, los aficionados al esquí de Cuenca descubrieron que, en invierno, el largo cortafuegos que baja por su vertiente sur se convertía en una excelente pista natural. Al principio no había más remedio que subir a fuerza de piernas, pero cuando el lugar se popularizó, se instalaron un par de rústicos telesquís movidos por el motor de un Seat 1500, y el número de esquiadores procedentes también de Teruel y Valencia, aumentó notablemente. Aquello hizo soñar a muchos aficionados –políticos y empresarios hoteleros

también– con una verdadera estación de esquí, con sus telesillas, sus cafeterías, sus hoteles y todo lo que va añadido; un sueño que se diluyó en la década de los 90.

las masas forestales de pinar natural más importantes de la península ibérica, y con un gran protagonismo del agua al ser este territorio cuna de los ríos Tajo y Cuervo, pertenecientes a la vertiente Atlántica, y del Júcar, netamente mediterráneo.

ITINERARIO

La ruta comienza en el casco urbano de Tragacete, primera localidad junto a la que pasa el Júcar. Más que recomendable es visitar este pequeño pueblo, entrar en la iglesia de San Miguel Arcángel y admirar viviendas que son auténticos ejemplos de la arquitectura tradicional serrana basada en la piedra y la madera.

Tras cruzar la carretera CM-2106, junto a un modesto puente sobre el río Júcar, encontraremos varios carteles algunos de los cuales indican la dirección de su nacimiento. Ya desde el principio, el agua manifiesta su protagonismo en este territorio con la presencia de numerosas fuentes, como las de la Toba y la Trinidad al comienzo del camino. En el cruce donde se encuentra la fuente de la Trinidad comienza la parte circular de la ruta que haremos en sentido contrario a las agujas del reloj.

Seguiremos dirección al cementerio y, tras bordearlo, comenzaremos una ligera ascensión por las Faldas del Cajigar, topónimo que hace referencia a la vegetación predominante de este alargado cerro, el quejigo, que aquí forma un auténtico bosquete. A la altura del arroyo de la Noguera pasaremos al lado de las ruinas del corral Tina del Gamellero, restos que evidencian la importancia que ha tenido la actividad ganadera en esta zona.

A partir de este lugar cambia el paisaje. Nos encontramos en un pequeño valle, zona de abundantes pastos, rodeado de relieves cubiertos ahora por pinos negral y silvestre. Frente a nosotros se encuentra el primer escalón montañoso, una ladera de casi doscientos metros de desnivel de considerable pendiente, hacia la que nos dirigimos dirección este, cerca de por donde transcurre el barranco del Estepar.

Subimos por un pinar monte a través, pero el tránsito es cómodo debido a la escasa maleza del sotobosque. En el último tramo del escalón rocoso, formado por calizas y dolomías, hay que superar un paso en el que tendremos que ayudarnos de las manos. Tranquilos, no es difícil.

Seguimos ascendiendo para salvar el barranco del Estepar y, más arriba, ya por pista de tierra, el barranco del Judío. Muy cerca se encuentra el cerro Mogorrita, «techo» provincial de Cuenca, el cual alcanzaremos cómodamente directos hacia él monte a través acompañados, en el último tramo, por sabinas rastreras.

¡Ahora sí! Desde su vértice geodésico, erguido sobre las rocas calizas meteorizadas, tomamos conciencia de su altitud, algo que pasa desapercibido desde la lejanía por la multitud de montes

Debajo, las aguas cristalinas del recién nacido Júcar en el estrecho de San Blas. A partir de aquí el río lleva agua permanentemente. Debajo, balizas del Camino Natural del Júcar.

y valles que forman el territorio. Mogorrita es un fabuloso mirador natural de la serranía conquense; desde su cima —y aún más arriba, pues en la cumbre hay una torre metálica con una escalera que hace las veces de mirador— se puede contemplar el vecino cerro San Felipe y sierras más alejadas como las de Albarracín, Gúdar o Javalambre. Una maravillosa estampa formada por un paisaje predominantemente verde tapizado por pinos que nos recuerda que estamos en uno de los pinares silvestres más extensos del país.

Abandonamos la cima siguiendo los carriles formados por el paso de vehículos todo terreno,

Foto «aérea» hecha desde la torre metálica de la cima. Debajo. el pino del Ocejón con sus 28 metros de altura.

iremos combinando tramos de camino y monte a través en dirección oeste hasta alcanzar la pista del Ocejón. Nos acompaña y da sombra el bosque de pinos; entre ellos hay uno que destaca y que es de obligada visita: el Pino de Ocejón, un ejemplar monumental de pino negral de 28 metros de altura que está a escasos 50 metros del camino.

Continuamos descendiendo por el camino un largo tramo hasta alcanzar un cruce con diversas indicaciones: Pino del Ocejón, Nacimiento del río Júcar, PR-CU 79, PNSC S 11... También es en este cruce donde se enlaza con la primera etapa del Camino Natural del Júcar, ruta que cuenta con 220 kilómetros señalizados sólo en la provincia de Cuenca, y que alcanzará los 550 kilómetros de longitud cuando su recorrido esté finalizado en las provincias de Albacete y Valencia.

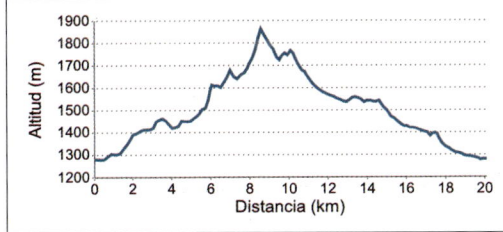

FICHA TÉCNICA

COMIENZO:
población de Tragacete (1270 m).
TIPO: circular. **LONGITUD:** 24,9 km.
DESNIVEL: +782 m.
CARTOGRAFÍA:
hoja 565-III IGN 1:25 000.
TRACK: https://desni.in/mogorrita

Giramos hacia la izquierda en dirección al estrecho de San Blas, con su manantial a pie de camino, el área recreativa y la fuente de San Blas. Aunque geográficamente el nacimiento del Júcar se sitúa en los Ojos de Valdeminguete, a algo más de tres kilómetros al norte del estrecho de San Blas, no siempre allí mana el agua, especialmente en años secos. En el estrecho del Infierno, aguas abajo de los Ojos, aflora el agua hasta el verano, pero es en el manadero del estrecho de San Blas donde el agua brota todo el año y a partir de donde el Júcar lleva agua permanentemente.

El regreso hasta la población de Tragacete es un plácido paseo con tendencia descendente por una pista de tierra hasta el albergue de San Blas, y a partir de allí por pista asfaltada. Una parada más haremos en el último tramo para visitar el Molino de la Chorrera, del siglo XVIII y subir a su mirador para ver la cascada que origina el río Júcar junto a él y que acabó por darle el nombre al edificio. El molino dista de Tragacete poco más de dos kilómetros, distancia que se recorre entretenidos con los carteles del sendero botánico de la Chorrera del Molino instalados junto al camino.

Rocas de formas caprichosas esculpidas
por el agua y el viento aparecen a cada curva
del sendero que recorre los Callejones.

LOS CALLEJONES DE LAS MAJADAS

A los Callejones de las Majadas se les ha dado el sobrenombre de Pequeña Ciudad Encantada por su parecido al famoso paraje conquense. Como aquél, los Callejones son un laberinto de canales y rocas de caprichosas formas que forman un paisaje casi mágico al que contribuye las pocas visitas que recibe.

Texto: redacción GE. Fotos: varios autores.

COMENCEMOS con una anécdota cinematográfica. Una de las escenas de la película *El mundo no es suficiente*, de la saga de James Bond, aquella en la que aparece un grupo de aldeanos protestando por la tala de árboles durante la construcción de un oleoducto en Azerbayán, está rodada en los Callejones de las Majadas. Y es que este lugar que parece sacado de un sueño da tanto para una película de James Bond, como para una de ciencia ficción. Lo raro es que no la hayamos visto más veces en la gran pantalla.

Los Callejones están situados en el borde noroccidental de la Muela de la Madera y constituyen uno de los parajes de interés geomorfológico más relevantes de la Serranía de Cuenca. El proceso que dio lugar a esta pequeña ciudad encantada es bien conocido. En un terreno formado por dolomías, rocas compuestas de carbonato cálcico y magnésico, el agua va agrandando, por disolución, las fracturas existentes formando una serie de surcos alargados que llevan la misma dirección. Con el tiempo estos surcos se van ensanchando formado pasillos y callejones que pueden llegar a unirse creando un laberinto. Una circunstancia singular de Los Callejones es que pueden observar todas las etapas de su for-

El sendero que recorre Los Callejones tiene paneles que informan de diferentes aspectos de este mágico lugar. El laberinto rocoso que ha originado la erosión se aprecia perfectamente en esta foto a vista de dron.

DIONI SERRANO

DCIM100MEDIA / ADOBE STOCK

mación. Hay zonas donde dominan los surcos, otras donde predominan los callejones y zonas más amplias donde la erosión ha hecho desaparecer casi todas las rocas dejando sólo algunos monolitos aislados conocidos como tormos, por que estas formaciones son también denominadas localmente tormagales.

A pesar de que Los Callejones están incluidos en las zonas de protección prioritaria del Parque Natural de la Serranía de Cuenca se puede deam-

bular por ellos libremente. No obstante hay una ruta señalizada por el parque —la S-02— que recorre los rincones más interesantes del paraje. Es un sencillo paseo circular de poco menos de cuatro kilómetros muy aconsejable para hacer en familia. Pequeños y mayores quedan fascinados por las formaciones que encuentran durante la excursión: arcos, puentes, puertas, formas humanas y de animales, todo tipo de figuras, algunas de ellas, realmente caprichosas aparecen en cada recodo del camino. El paseo entre los callejones y tormos es, desde luego, una delicia para la vista y la imaginación. Aunque se puede recorrer en poco más de una hora y media, es casi seguro —y deseable— invertir mucho más para saborear a conciencia esta obra de arte natural.

ITINERARIO

La Ruta de Los Callejones comienza en un pequeño aparcamiento al que se llega desde

el pueblo de Las Majadas por la carretera forestal que une esta localidad con la carretera CM-2105 y el embalse de la Toba, a poco más de 2,5 kilómetros, se desvía a la izquierda un camino que accede al aparcamiento. En éste hay varios carteles, uno de ellos explica con detalle la ruta de Los Callejones donde además se explica el proceso que dio lugar a este paisaje. El sendero

Arriba, el borde del lapiaz. Debajo, la yedra que cubre algunas de las peñas añade belleza viva a estos monumentos pétreos.

comienza algo a la derecha del aparcamiento donde pronto se encuentra la primera de las 89 balizas que marcan la ruta.

En pocos minutos el sendero nos sitúa en el labio superior del lapiaz lo que nos permite comprender mejor el origen de este lugar. Enseguida el sendero nos introduce en el corazón de los Callejones donde vemos los primeros tormos. Un poquito más adelante, una forma caprichosa parece formar una ventana en la roca. A cada paso, después de cada curva del sendero, aparece alguna formación que nos llama la atención.

En un momento dado, llegamos a un pequeño claro rodeado de tormos y paredes abovedadas aprovechada antaño por los pastores para construir apriscos donde guardar el ganado,— ¿Sería aquí donde rodaron la secuencia de la película de Bond—. La yedra que cubre parcialmente algunas peñas realzan la belleza de estas extrañas formaciones. También los pinos que crecen alrededor e incluso encima de las rocas

ponen una nota de vida en este paisaje que, sin estos toques de color, parecería de otro planeta. En la excursión también encontraremos algunos avellanos y acebos

Continuamos nuestro camino prácticamente a la sombra. En verano, esta circunstancia es un regalo pues por la serranía el sol aprieta de lo lindo, pero en invierno es probable que se formen placas de hielo en las zonas más umbrías. ¡Clima continental a tope! Llegamos a una parte del recorrido en el que el sendero se estrecha un poquito más hasta llegar a un pasadizo formado por una oquedad formada en la roca. La variedad de pasajes hace que la excursión se muy divertida. Uno siempre está esperando encontrar algo que le sorprenda y su esperanza no se verá defraudada.

Uno a uno se van quedando atrás las balizas numeradas y casi sin darnos cuenta salimos a la verde explanada que hay frente al aparcamiento. Un rústico cartel que ha perdido pie indica el final de la senda.

FICHA TÉCNICA

COMIENZO: aparcamiento de Los Callejones.
TIPO: circular
LONGITUD: 3,8 km.
CARTOGRAFÍA: hoja 587-2 del IGN. 1:25 000.
TRACK: https://desni.in/loscallejones
OBSERVACIONES: si se desea alargar esta ruta se puede utilizar el PN SC-03 (Ruta de las Fuentecillas y Los Callejones), marcado también como GR-66, para subir desde Las Majadas a Los Callejones. Estas alternativa incrementa unos 3,5 kilómetros la longitud de la excursión básica. Merece la pena visitar, a pocos minutos de Los Callejones, el mirador del Tío Cogote, con una impresionante vista sobre el cañón del río Júcar.

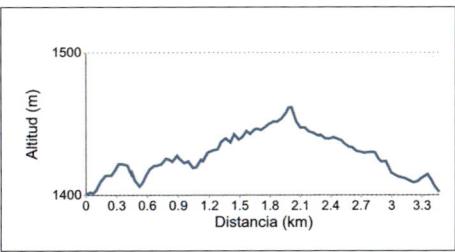

EL ESCALERÓN Y LA RAYA

El entorno del pueblo de Uña es un compendio de todos los elementos paisajísticos que uno puede encontrar en la Serranía de Cuenca: mesetas aisladas, acantilados desplomados, peñas de fantásticas formas, precipicios de vértigo, frondosos pinares, barrancos laberínticos, vegetación con vocación atlántica... y algo más, una laguna que es una excepción en un territorio modelado por la erosión kárstica.

Texto y fotos: Javier Carballo

Las vistas de la laguna de Uña y del entorno desde el mirador del Rincón de Uña son inolvidables y por sí solas justifican la excursión.

Arriba, la terraza natural que recorre la parte media de la muela conocida como La Raya. En la otra página, un enhiesto monolito que desafía la gravedad preside la subida al Escalerón.

LA LAGUNA DE UÑA está situada en el corazón de la Serranía de Cuenca, en un terreno donde es casi un milagro que las aguas no se filtren y desaparezcan. En el libro Historias y Leyendas de Cuenca, Manuel Tirado Zarco recoge varias historias sobre apariciones de animales terribles en esta laguna de Uña que han contribuido a envolver en un halo de misterio a esta pequeña laguna que ocupa una extensión de unas 15 hectáreas y se alimenta del arroyo del Rincón, afluente del río Júcar. La laguna actual es tres veces mayor que la original pues fue ampliada artificialmente en 1925 para represar el agua y conducirla por el largo canal de la Toba, una impresionante obra de ingeniería que discurre por el espectacular desfiladero del Júcar, hasta el salto hidroeléctrico de Villalba de la Sierra. Hasta hace algún tiempo era posible recorrer una parte de este canal por su estrecho camino de servicio, lo que deparaba una jornada de vistas emocionantes, pero se ha prohibido el acceso.

De paso libre sigue siendo el no menos emocionante camino que sube hasta la parte superior del circo de roca formado por las elevaciones de la Muela de la Madera y la Muela de Valdecabras y que, más tarde, desciende hacia la laguna por un camino casi inverosímil que se cuela por pasillos naturales de la roca. Es el llamado Sendero del Escalerón a la Raya, y está marcado como sendero de pequeño recorrido PR-CU 37.

ITINERARIO

Iniciaremos la ruta en la población de Uña, «un pueblo entre roca y agua» como rezan los folletos turísticos. El pueblo en sí no tiene mucho que ver salvo la iglesia de San Miguel

Arcángel, construida en el siglo XIII y unas pocas casa de estilo rústico, pero está situado en un lugar que posee un encanto muy particular que transmite paz y tranquilidad.

Nos alejamos del pueblo caminando por una pista asfaltada que se dirige hacia la piscifactoría. Al poco de iniciar la excursión pasamos por delante del Centro de Interpretación del Parque Natural de la Serranía de Cuenca, un singular edificio forma de cajón elevado con vidrio y madera en fachada. Posee un amplio mirador

de la laguna y un telescopio para observar en detalle la fauna acuática. La laguna de Uña es una importante zona de paso y nidificación de aves acuáticas como patos, ánades y cigüeñuelas. Por este motivo fue declarado Refugio de Fauna en 1988.

Un poco más adelante podemos desviarnos para ir a otro mirador cubierto con un panel que da fe de las numerosas aves que encuentran aquí refugio. Al lado, un divertido panel con información astronómica nos recuerda que

nía y de otros lugares castellano manchegos. Poco antes de llegar a ella arranca a mano derecha un estrecho sendero que sube decididamente. Comienza aquí la subida por la zona llamada El Escalerón. No cuesta imaginar a qué se debe el nombre. Nos adentramos en una zona de umbría por una ladera cuajada de cornicabras, cornejos, avellanos y arces. Éste es el único tramo exigente de la excursión, ya que nos enfrentamos a un desnivel de casi cuatrocientos metros en muy poca distancia. La subida está amenizada por la presencia de alguna fuente y peñas de formas sugerentes. Un estrechamiento en forma de arco da paso a la planicie superior que es un formidable mirador de todo el valle y del último tramo de subida.

La ceja de la muela está recorrida por una pista que seguimos hacia la izquierda. Toda la ceja es un mirador al que podemos asomarnos saliendo unos pocos metros de la pista, y siempre con mucha prudencia, pues una caída podría ser fatal. Con los ojos llenos de un espectacular paisaje llegamos al mirador del Refrentón «donde solo con alas, se puede llegar». Un cartel

la Serranía de Cuenca también es Destino Turístico Starlight. Continuamos caminando por la pista asfaltada en breve dejamos a la izquierda el desvío que se dirige a la Escuela Regional de Pesca. Si nos acompañan niños de corta edad es podemos entrar por él para rodear la laguna y hacer una sencilla pero estupenda excursión circular.

Continuamos pues por la carreterilla que conduce a la piscifactoría donde se crían truchas autóctonas que repueblan los ríos de esta serra-

Una baliza del sendero PR CU-37 situado en la orilla de la laguna no deja lugar a dudas del camino a seguir. Debajo, vamos a encontrar esta fuente al comienzo de la subida al Escalerón.

informa de las distintas especies de aves que pueblan estos parajes. Muy abajo vemos el pueblo de Uña y su laguna, rodeada de alamedas.

La pista entra en el pinar alejándose del borde del cantil pero por poco tiempo. Enseguida regresa al labio de la meseta. Es muy difícil hurtarse a la tentación de asomarse constantemente al borde del precipicio y lo cierto es que la naturaleza ha preparado varios miradores naturales cómodos y «seguros» dentro de lo que cabe, pues ninguno posee barandillas. Los miradores del Puntal de la Tola y del Rincón de Uña —el más espectacular del recorrido, ya que desde el mismo se disfruta de una amplia vista aérea de Uña y su laguna y, al fondo, en el horizonte, del Alto de las Piedras por el que se accede a la Ciudad Encantada— invitan a jugar con el vacío para conseguir la foto más espectacular. ¡Cuidado! Una caída sería mortal.

Luego de un demorado paseo por el borde del cortado llegamos al punto en el cual se inicia la bajada y el acceso a La Raya, pero antes nos desviamos brevemente para alcanzar el Puntal de San Roque, un lugar que garantiza una maravillosa panorámica de Uña y de su la-

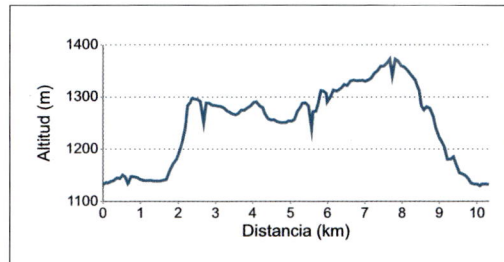

FICHA TÉCNICA

COMIENZO: población de Uña
(1130 m).
TIPO: circular.
LONGITUD: 11,58 km.
DESNIVEL: +300 m.
CAARTOGRAFÍA: hoja 587-4 del
IGN 1:25 000.
TRACK: https://desni.in/larayaunia

guna. Regresamos sobre nuestros pasos para entrar en la Raya. Este era un antiguo camino que comunicaba Uña con la zona alta de la serranía, en concreto con el pueblo de Las Majadas y que era utilizado cuando no se podía cruzar el arroyo de la Madera. El camino era también utilizado por los lugareños para subir a la muela para recolectar madera, leña y setas. Recibe ese nombre porque el lugar por donde va desde lejos se ve como una línea o raya horizontal. El tramo inicial antes de llegar a la Raya está encajonado entre dos paredones, lo que fa-

cilita un microclima fresco y húmedo con una gran diversidad vegetal.

Llegamos a la Raya y es un placer caminar por esta faja producida por la erosión diferencial. El trayecto nos sabrá a poco, pues muy pronto encontraremos el sendero que desciende hacia la orilla norte de la laguna. Una vez allí, continuaremos por el ancho camino que procede la Escuela de Pesca, cruza el canal de la Toba y pasa por delante de la antigua central hidroeléctrica. Un corto paseo entre grandes árboles nos lleva a la entrada de Uña.

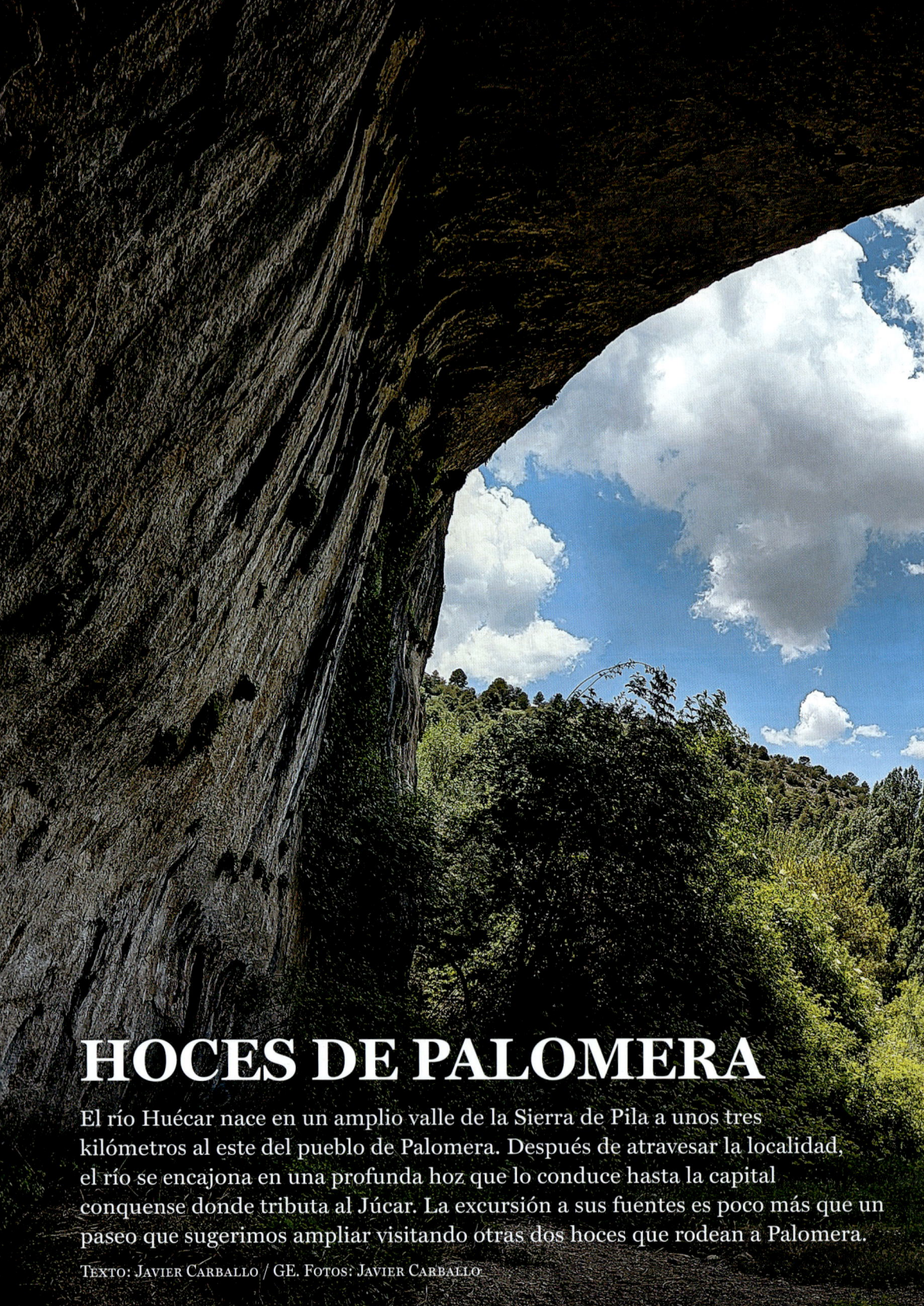

HOCES DE PALOMERA

El río Huécar nace en un amplio valle de la Sierra de Pila a unos tres kilómetros al este del pueblo de Palomera. Después de atravesar la localidad, el río se encajona en una profunda hoz que lo conduce hasta la capital conquense donde tributa al Júcar. La excursión a sus fuentes es poco más que un paseo que sugerimos ampliar visitando otras dos hoces que rodean a Palomera.

TEXTO: JAVIER CARBALLO / GE. FOTOS: JAVIER CARBALLO.

Boca de la cueva del Moro vista desde el interior. Las estalagmitas y estalactitas de esta cueva han desaparecido por actos vandálicos.

PALOMERA debe su nombre a la gran cantidad de palomas y palomares que hay en la zona. El pueblo recibe bastantes visitas de turistas porque conserva un conjunto urbano con casas de piedra y otras de adobe con entramado que dan un genuino ambiente medieval a su calle principal, destacando la posada, del siglo XV, y la iglesia de San Justo y Pastor. Si nos interesa la historia hay que tomar nota de que, aguas abajo, camino de Cuenca, está Molinos de Papel, un caserío así llamado por los ingenios dedicados a aquella industria construidos en el XVII. En este lugar se construyó la primera fábrica de papel fino que hubo en España. La producción de papel se mantuvo hasta principios del XX.

ITINERARIO

Iniciamos la marcha en la calle Eras Bajas, que cuenta con un par de casas tradicionales y un panel que da información del tipo de construc-ción propia de la Serranía de Cuenca. La calle —muy corta— conduce al puente de las Hoyas. Al otro lado giramos a la izquierda hasta llegar al comienzo del sendero PR-CU 35, Sendero de los Ceños, que une Palomera con Buenache y que se solapa con el GR-66. El tránsito por el sendero marcado será muy breve. AL legar al depósito de agua del pueblo lo dejamos para continuar por una estrecha senda que comienza a la derecha. La senda gana altura por la ladera lo que permite conseguir unas bonitas vistas del pueblo hasta que el pinar lo oculta.

Llegamos a lo alto del cordal de la Sierra de la Pila recorrido longitudinalmente por una pista. Continuamos recto y encaramos la primera bajada del día. Tenemos ante nosotros la hoz del Buey o del Portillo, un barranco verdaderamente sorprendente con unos cortados en forma de cuchillo que llaman poderosamente la atención. El labio norte de la hoz está formado por un largo muro abovedado en el que quedan restos

Arriba, una de las pozas que se forman en el cauce del río Huécar al poco de nacer. En la otra página, acantilados de la hoz del Buey. Se aprecia el estrechamiento que da su segundo nombre al barranco: el Portillo.

de numerosos apriscos hoy abandonados que dan fe de una potente actividad ganadera en el pasado. El fondo de la hoz está cubierto de una densa vegetación que se beneficia del húmedo microclima que tiene el barranco. En otoño destacan por su colorido los arces de Montpellier

Continuamos en suave descenso por el costado de la hoz. Justo abajo se ve un sendero que se adentra en la hoz por el estrecho portillo que le da nombre y restos de vallados ganaderos. Llegaremos a ambos por debajo del citado portillo e inmediatamente comenzamos una nueva subida en la que mana una pequeña fuente. A nuestra derecha se extienden campos de cultivo. El sendero entra momentáneamente en la el extremo sur del la hoz Chiquillas y desemboca en el camino Cañete, una amplia pista que procede de la capital. Caminaremos por él un kilómetro más o menos hasta encontrar la entrada a la hoz de San Miguel. Seguimos por el camino que penetra y un poco más adelante, ya frente a unas

paredes de roca gris, encontramos un cartel que informa de que entramos en terreno del Monumento Natural de Palancares y Tierra Muertas y que está prohibido practicar la escalada en las paredes del barranco.

Es el momento de advertir que para acceder a las hoces del Buey, Chiquillas y San Miguel, excepto la zona de uso especial de la ermita de San Miguel en el periodo comprendido entre el 1 de febrero al 30 de junio, se necesita una autorización emitida por la Consejería de Desarrollo Sostenible. No tener esta autorización puede implicar una denuncia por parte del Seprona o los Agentes Medioambientales y una sanción importante

Comenzamos una nueva subida por un estrecho sendero equipado con una cuerda a modo

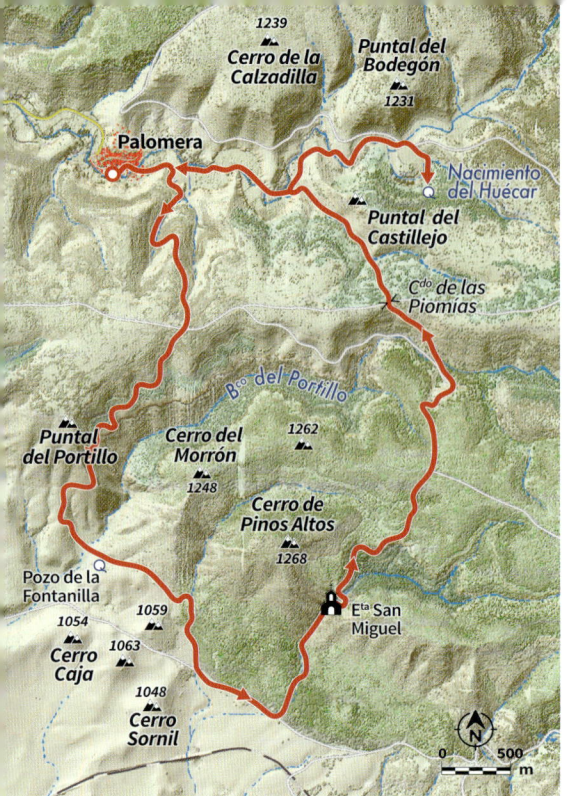

FICHA TÉCNICA

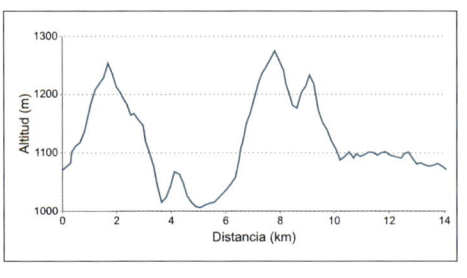

COMIENZO: Población de Palomera (1071 m).
TIPO: circular.
LONGITUD: 16,23 km.
DESNIVEL: +596 m.
CARTOGRAFÍA: hoja 610-3 IGN. 1:25 000.
TRACK: https://desni.in/hozbueyhuecar
OBSERVACIONES: el acceso a las hoces está restringido desde el 1 de febrero al 30 de junio. Se necesita una autorización de la Consejería de Desarrollo Sostenible.

La subida a la ermita rupestre de San Miguel se realiza por una escalera tallada en la piedra. Dentro se venera la curiosa imagen del santo que vemos en la otra página.

de pasamanos y «quitamiedos» que nos llevará hasta la ermita rupestre de San Miguel. En el origen de esta singular ermita, como en tantas otras, manda la fantasía sobre la realidad. De esta cuentan que el arcángel Miguel se apareció a tres pastores que se habían refugiado en la cueva que hoy ocupa el santuario; incidente que, naturalmente, la convirtió automáticamente en un lugar de adoración. El interior de la ermita es oscuro y fresco —una bendición en verano— y tiene una decoración bastante kitsch con una curiosa imagen de San Miguel, diferentes imágenes religiosas, exvotos y un libro de visitas.

Abandonamos la ermita para continuar por el sendero que sube por la vertiente sur de la hoz. A los pocos metros topamos con un rústico altar donde se celebraba la misa campestre de la romería a la que acudían los vecinos de Palomera y Mohorte y que ya no tiene lugar porque el santo pasa todo el año en la ermita.

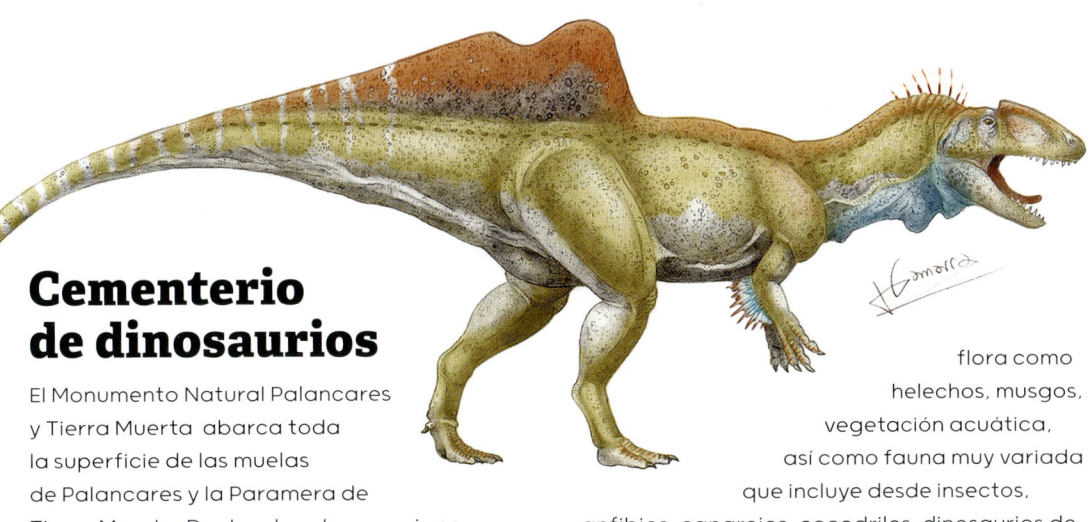

Cementerio de dinosaurios

El Monumento Natural Palancares y Tierra Muerta abarca toda la superficie de las muelas de Palancares y la Paramera de Tierra Muerta. Dentro de este espacio se localiza el yacimiento paleontológico de Las Hoyas que contiene una gran cantidad de restos fosilizados de organismos que proporcionan una información muy valiosa sobre los ecosistemas de esa época y sobre la evolución de la flora y de la fauna. Se han encontrado fósiles de diversas especies de flora como helechos, musgos, vegetación acuática, así como fauna muy variada que incluye desde insectos, anfibios, cangrejos, cocodrilos, dinosaurios de mediano tamaño, aves, etc. La joya del yacimiento es un ejemplar de dinosaurio de buen tamaño, carnívoro y con una extraña joroba, siendo el dinosaurio más completo que se ha encontrado en España. Se le ha bautizado con el nombre científico de *Concavenator corcovatus*.

La senda inicia un fuerte ascenso por un precioso bosque de pinos, robles quejigos, acebos y arces de Montpellier de grandes dimensiones que nos proveerán de sombra hasta alcanzar la parte más alta. Comienza un tramo con el perfil de un serrucho ya que primero hay que bajar hasta un abrevadero y luego subir un pequeño repecho desde donde veremos nuevamente la hoz del Buey y las ruinas de la tinada de Angelito. Alcanzamos finalmente el collado de las Piomías, en el lomo de la Sierra de la Pila, donde reencontramos la pista que cruzamos hace horas. De nuevo la cruzamos e iniciamos el descenso hacia el valle del río Huécar. Antes de llegar a él nos desviamos brevemente para visitar la cueva de los Moros (o del Moro). Lamentablemente, las estalagmitas y estalactitas que tenía la cueva han desaparecido por el ansia coleccionista o simplemente vandálico de algunos desaprensivos.

Abandonamos la cueva y vamos en busca del nacimiento del río Huécar que se encuentra

cerca, en el paraje del Ojo. El Huécar tiene una vida corta, pues a los pocos kilómetros, a su paso por la ciudad de Cuenca, desemboca en el Júcar; eso sí, formando una vistosa hoz en la que sitúan las famosas Casas Colgadas.

Tras visitar las fuentes del río iniciamos el último tramo de la excursión acompañando sus jóvenes aguas que forman algunas pozas que son un regalo para el cuerpo cuando aprieta el calor.

HOZ DE VALDECABRAS

Valdecabras es un pueblo tranquilo ideal para desintoxicarse del ruido y el alboroto urbano situado en el interior mismo de la serranía conquense, al final de la hoz del río del mismo nombre. Su origen es medieval y conserva algunos retazos de arquitectura rural de entre la que sobresale su austera y hermosa iglesia.

Texto: Javier Carballo / redacción GE. Fotos: Javier Carballo.

En el trecho entre la fuente de Canalejas y la cueva de los Morceguillos nos desviamos brevemente hacia un claro para visitar unas curiosas formaciones de rocas donde se ha construido una tenada.

VALDECABRAS es una pedanía de la capital conquense, de la que le separa 16 kilómetros por una estrecha carretera que penetra por un angosto desfiladero donde queda poco sitio para otra cosa que no sea el arroyo Valdecabras y la citada carretera abierta a fuerza de dinamita. La CM-2104 soporta bastante tráfico los fines de semana pues es una de las que conducen a la famosa Ciudad Encantada.

Los montes que rodean a Valdecabras dan pie a disfrutar de excursiones para todos los públicos. La que vamos a describir a continuación tiene varios y atractivos argumentos: una cueva habitada por murciélagos, unos corrales semi rupestres que dan fe del ingenio serrano, peñas que parecen haber sido traídas de la Ciudad Encantada, y, como broche, un mirador donde hacer fotos de esas que consiguen miles de *likes* en instagram.

ITINERARIO

Salimos de Valdecabras hacia el este por una pista en buen estado que une Valdecabras con la vecina Buenache de la Sierra y que está dotada de señales del sendero de pequeño recorrido

El camino llanea un buen trecho por el barranco de Canalejas, en donde mana esta rústica fuente con un caño fabricado con un tronco vaciado.

PR-CU 49. También caminamos por el sendero de gran recorrido GR-66, o Sendero Castellano-Manchego, un itinerario de más de 600 kilómetros que «cruzaría» Castilla-La Mancha de norte a sur por su parte oriental, atravesando Guadalajara, Cuenca y Albacete. Utilizamos el tiempo condicional porque el proyecto no está terminado ni tiene visos de hacerlo. En la actualidad sólo están señalizados —y parece ser que

Un grupo de «centinelas» de roca ha sido hábilmente utilizado para alojar una tenada. En la otra página, el mirador natural sobre la hoz de Valdecabras es un plató ideal para tomar fotografías con muchos likes.

no muy bien— unos 140 kilómetros entre Peralejos de las Truchas y Cuenca. El tránsito por esta pista va a ser breve. En poco más de un kilómetro aparece a la izquierda el camino que sube por el barranco de Canalejas, nuestro objetivo inmediato. Junto al pequeño puente que salva el arroyo de la Canaleja hay unas mesas para sentarse a almorzar o merendar. El lugar invita a sentarse, pero acabamos de empezar la excursión y queda mucho por delante.

Vamos ganando altura por el margen izquierdo del arroyo hasta dar con la carretera CM-2104 que también sube por el barranco pero bastantes metros por encima. Una mancha amarilla entre el follaje nos llama la atención: es una vieja y oxidada excavadora que dios sabe qué accidente la llevó hasta aquí. En el punto en que la carretera traza una cerrada curva para es-

capar del barranco el camino aprovecha para cruzarla. Al otro lado del asfalto mana la caudalosa fuente de la Canaleja.

El GR-66 se difumina en los prados y aparecen rodadas que pueden hacernos dudar. Pero el rumbo es claro: noreste y no lo abandonaremos hasta llegar casi al borde la carretera. En el trecho nos desviaremos brevemente hacia un claro a la derecha donde se aprecian unas curiosas formaciones de rocas que la gente del lugar ha aprovechado para construir una tenada.

Y llegamos al primer punto realmente importante del día: la cueva de los Morceguillos, oquedad de origen kárstico que constituye, junto con las cercanas cuevas de la Judía y de Morciguillos, los tres refugios más importantes de murciélagos cavernícolas de la provincia de Cuenca.

La cueva de los Morceguillos es un importante refugio de murciélagos cavernícolas. A la derecha un gran mojón del GR-66 en el barranco de la Canaleja.

Tenemos de nuevo a nuestra izquierda la carretera y muy cerca de ella caminaremos unos 500 metros hasta topar con una buena pista que tomaremos a la derecha para caminar por ella unos 1200 metros, justo hasta dar con otra pista que recibe el nombre de Camino de los Rasos. Este punto es un cruce algo confuso pues se forma una telaraña de caminos. Podríamos continuar por la pista principal hacia el suroeste, pues nos llevaría al mirador desde el que nos asomaremos a la hoz del río Valdecabras, pero muy cerca quedan otros corrales semi rupestres muy curiosos a los que se llega por un camino secundario que toma un rumbo más hacia el oeste. Así llegaremos a un sitio muy peculiar: en medio de

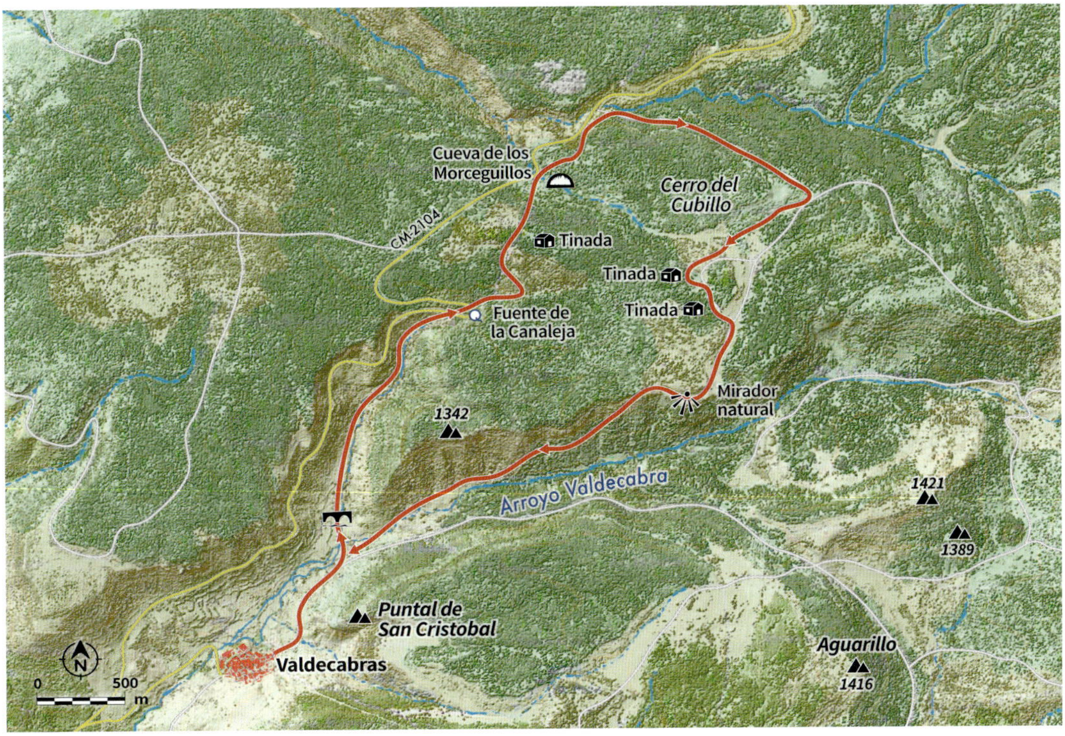

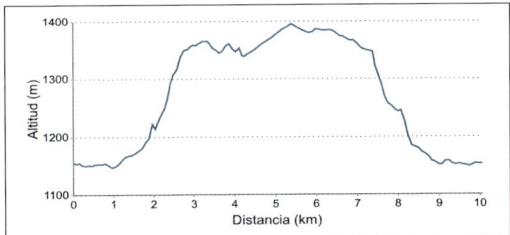

FICHA TÉCNICA

COMIENZO: Valdecabras 1136 m
TIPO: circular.
LONGITUD: 11 km.
DESNIVEL: +300 m.
CARTOGRAFÍA: hojas 610-1 y 587-3 y 4 del IGN 1:25 000
TRACK: https://desni.in/valdecabras

un extenso espacio desarbolado, se levantan dos paredes paralelas de roca que asemejan centinelas y que encierran un ancho corral cubierto que ha comenzado a arruinarse. El fotogénico conjunto tiene, ciertamente, su punto de misterio.

Abandonamos el lugar en dirección sur y en breve encontramos un nuevo ejemplo de hermanamiento de arquitectura natural y tradicional. Esta vez es un corral cubierto de menos porte que el anterior apoyado en una gran seta rocosa. Retomamos el camino y llegamos al cortado sobre el río Valdecabras. Se aprecia perfectamente el corte rocoso de la meseta sobre la

que hemos estado caminando las últimas dos horas y todo el valle de Valdecabras. El mirador invita a posar de todos los modos posibles.

Comenzamos el regreso por un estrecho y a tramos incómodo camino que baja en diagonal por la vertiente sur de la meseta salpicada de pinos y algunos robles de pequeño porte. Sin solución de continuidad, la senda nos deposita en el fondo de la hoz. La humedad que aporta el río ha favorecido el crecimiento de una densa vegetación que, en ocasiones, llega a formar un palio que cubre el camino que conecta de nuevo con el PR-CU 49 que nos llevará de nuevo al punto de partida.

RUTA URBANA POR LAS HOCES DE CUENCA

Se lee en los folletos turísticos y todo el que visita la ciudad lo corrobora: Cuenca es la capital de provincia más integrada en el paisaje que la rodea, o dicho con algo más de poesía, la naturaleza abraza a Cuenca y se funde con ella. No es estrictamente necesario internarse en las profundidades de la serranía para encontrar lugares fantásticos; toparemos con ellos caminando sin perder de vista la ciudad. // Texto: redacción GE. Fotos: Mario Fernández.

La parte antigua de Cuenca se aglutina en la proa rocosa que se forma en la unión de las hoces del Júcar y del Huécar.

Arriba, el mirador dedicado a Miguel Ángel Troitiño, personaje clave en la declaración de Cuenca como Patrimonio de la Humanidad. Debajo, un panel del Camino Natural del Júcar al comienzo de la hoz de este río. En la otra página la doble tirolina de Cuenca.

L OS árabes tenían buen ojo para construir sus fortalezas en lugares con amplias vistas y fáciles de defender. Muchas veces el castillo no iba a más, pero otras, a su alrededor germinaba un poblado y luego una ciudad. La proa rocosa que se forma en la junta de las hoces del Júcar y el Huécar es uno de esos lugares. Aprovechando las ventajas defensivas que proporcionaba, los árabes construyeron la fortaleza de Qunka, origen de la ciudad que hoy conocemos; una ciudad que ostenta el título de Patrimonio de la Humanidad.

Todos los fines de semana, miles de visitantes deambulan por sus empinadas calles, visitan su catedral, fotografían las Casas Colgadas, atraviesan el puente de San Pablo, se asoman a las hoces del Júcar y Huécar y recuperan energías con un plato de morteruelo o ajoarriero y un resolí en cualquiera de los muchos mesones de la ciudad.

Cuenca tiene además algo que muy pocas ciudades poseen: en pocos minutos se dejan atrás las casas y se entra en un paisaje poderoso, lleno de encuadres de los que arrasan en instagram. La ciudad cuenta con un pequeña red de senderos locales —titulada Flor de Senderos— que permite descubrir un montón de lugares interesantes. Tomando tramos de varios de ellos hemos dado forma a esta sencilla excursión que rodea la ciudad por las dos hoces que la abrazan; una ruta donde se dan la mano monumentalidad, naturaleza e historia.

ITINERARIO

Vamos a comenzar en un pequeño aparcamiento que hay en el kilómetro 1,5 del Camino de los Jerónimos, conocido por los conquenses como «la ruta turística». Este camino asfaltado comienza en el Barrio del Castillo y va a encontrarse con la carretera CUV-9144, la que va a Palomera por la hoz del Huécar. Los primeros pasos son de bajada por un empinado sendero que termina dando

con el camino del canal del siglo XVI que transportaba a la ciudad el agua captada en el manantial de la Cueva del Fraile.

Llaneamos en dirección a la ciudad llevando la base de las paredes de la hoz a mano derecha y el barranco a la izquierda. El Huécar fluye cubierto por una frondosa vegetación. Según avanzamos aparecen algunas casas y huertas que reciben el nombre de hocinos y que, en el pasado, abastecían de frutas y verduras a la ciudad. Llega un momento en el que un muro que interrumpe el canal nos obliga a abandonar el sendero y subir al Camino de los Jerónimos.

Una vez arriba continuamos hasta el aparcamiento del Castillo, donde comienza la tirolina doble más larga de Europa, con 445 metros de longitud que se cubren en un suspiro. Menos vértigo da —a pesar de sus empinadas escaleras— el camino que comienza en el mirador Miguel Ángel Troitiño, dedicado al geógrafo que fue clave para la declaración de Cuenca como Patri-

monio de la Humanidad. Entramos en la Senda de los Hocinos, que forma parte del sendero local SL-CU 10. En la bajada pasamos por debajo de un acueducto del canal que hemos abandonado hace un rato y por el Hocino de Federico Muelas, así llamado en memoria del que fuera el poeta, periodista y cronista oficial de su ciudad natal.

La senda discurre a media altura por la ladera de la hoz bajo imponentes edificaciones que son una continuación de la pared rocosa, como la antigua cárcel de la Inquisición, hoy Archivo Histórico, y el Centro de Arte Contemporáneo. Abajo se ven cuidadas huertas que siguen abasteciendo a los mercados de la ciudad.

Dejamos que el sendero CU 10 suba hacia la ciudad y continuamos por el interior del Huécar. Así vamos a ver, desde abajo, el puente de San Pablo, emblema de la ciudad. El puente original se construyó en el siglo XVI, pero dos siglos después empezó arruinarse hasta desplomarse uno de sus arcos. El de hierro que vemos hoy es de los

primeros años del siglo XX. Se ha convertido en un acto inexcusable cruzarlo y hacerse una foto con el telón de fondo de las Casas Colgantes y los «rascacielos» del barrio de San Martín, un grupo de viviendas populares que llegan a tener nueve o diez pisos por la parte de la hoz, mientras que en la otra fachada solo tienen tres o cuatro.

Reencontraremos el SL-CU 10 en el auditorio Jose Luis Perales y dejándonos guiar por el río Huécar que atraviesa la ciudad, llegaremos al punto en el que éste tributa al Júcar. En el tránsito habremos visto varias iglesias, monasterios y un fresco parque urbano. Continuamos ahora por la ribera izquierda del Júcar donde se dan cita las señales de los senderos locales 10 y 11 y del Camino Natural del Júcar. En algunos tramos en los que apenas queda sitio entre el río y las peñas se han instalado pasarelas de madera. Este camino es frecuentado por los conquenses en sus paseos.

Unos 500 metros después de dejar atrás la Playa Artificial, refrescante refugio veraniego, nos despedimos del río y tomamos rumbo al

Arriba, las empinadas escaleras que descienden hacia el hocino de Federico Muelas. Debajo, vista de la hoz del Júcar y de la parte histórica de la ciudad.

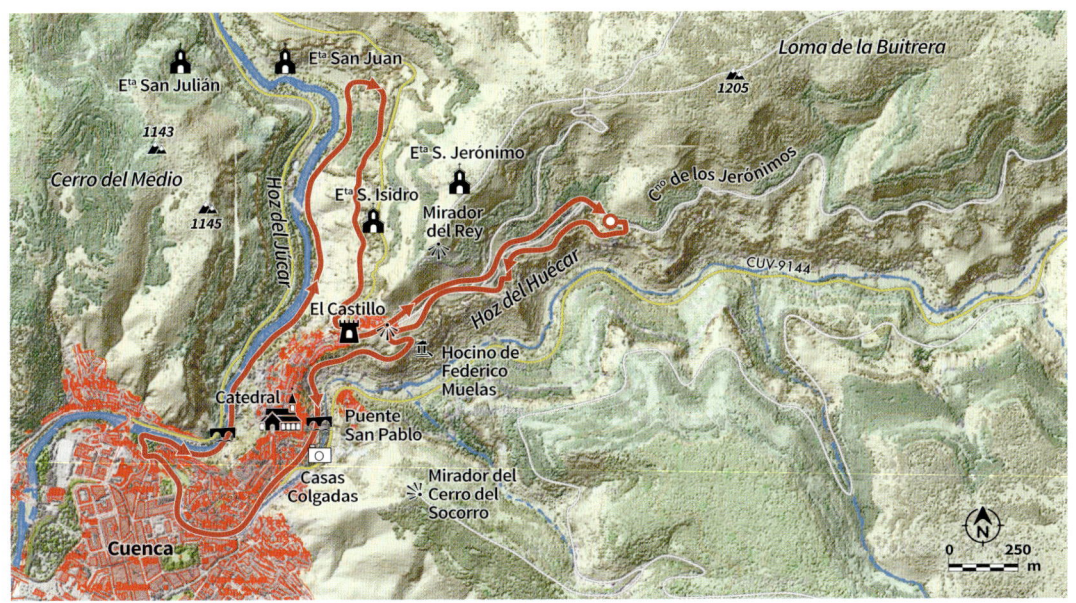

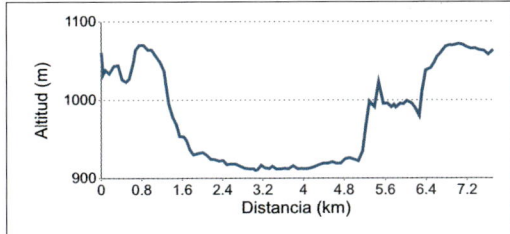

FICHA TÉCNICA

COMIENZO: km 1,5 del Camino de los Jerónimos.
LONGITUD: 8,67 km.
DESNIVEL: +340 m.
CARTOGRAFÍA: hojas 603-1 y 3 del IGN 1:25 000
TRACK: https://desni.in/huecarjucar

Santuario de las Angustias guiados por una baliza del SL-CU 11. Después de una intensa subida por unas escaleras el sendero se «encajona» entre los paredones y el pinar. Cuando los árboles se abren descubrimos unas vistas emocionantes de las peñas de la hoz del Júcar en donde es casi seguro que veamos evolucionar a escaladores. En esta hoz y en la vecina del Huécar hay centenares de vías de escaladas que han convertido a Cuenca en un centro de fama internacional de este deporte.

Poco a poco van apareciendo las casas y las murallas. En el primer cruce al Barrio del Castillo, un cartel nos invita a ir al santuario de la Virgen de Las Angustias, de la que son muy devotos los conquenses. Si nos acercarnos al templo —lo que nos llevará unos pocos minutos— tendremos que regresar sobre nuestros pasos. Tenemos a la vista uno de los lugares históricos más vistosos de la ciudad, el Arco de Bezudo, buena muestra de lo poco que queda de lo que fuera, primero fortaleza árabe y después cristiana. La parte superior, a la que se accede por unas escaleras, es un estupendo punto de observación de la ciudad y sus dos hoces.

En el mismo arco comienza el Camino de los Jerónimos por el que podemos regresar al punto de partida llevando ante nuestros ojos una nueva perspectiva de la hoz del Huécar. También podríamos regresar por el camino del canal que utilizamos a la venida; eso queda a gusto del visitante.

La torca del Lobo figura entre las más grandes del grupo. Tiene 66 metros de profundidad y casi 7 hectáreas de superficie. Su nombre procede de una leyenda que se explica en un panel.

TORCAS DE PALANCARES

Es fácil imaginar la cara de asombro que se les quedaría a los primeros aviadores que sobrevolaron las Torcas de Palancares al ver ese apelotonamiento de agujeros enormes en el terreno que parecen haber sido provocados por una concentrada lluvia de meteoritos. A pie de tierra, las Torcas no producen un impacto visual tan potente pero siguen siendo espectaculares y conservan un punto de misterio.

Texto: Fernando Romero / redacción GE. Fotos: varios autores.

Las torcas son dolinas, es decir, agujeros producidos por el colapso de la cubierta de una cueva. El fenómeno se explica muy bien en uno de los paneles que encontraremos en la ruta. A la derecha, la torca de la Novia, que tiene su propia leyenda. Debajo, el Pino Candelabro, uno de los árboles monumentales que veremos.

L AS Torcas de los Palancares son hundimientos del terreno, de forma más o menos circular, que se produjeron al colapsar la cubierta de las cavidades. Estos hundimientos —que reciben el nombre de dolinas— son frecuentes en terrenos calizos y de margas, pero en el monte Los Palancares aparecen tantas, tan juntas y tan grandes, que se puede decir que son una de las muestras más notables de Europa.

Son nada menos que treinta torcas en una superficie de 7,5 kilómetros cuadrados, con extensiones muy variables que van desde las 0,3 hectáreas de la Torca de la Novia a las 10,25 hectáreas en la Torca Larga, la más grande de todas. También su profundidad es variable. La más profunda, la de las Colmenas, llega hasta los 91 metros, y la menos, la Torca Llanilla, a los 16. Algunas de ellas, como la Torca de la Novia, la del Lobo, o la de la Gitana, cuentan con su propia leyenda.

FOTOS: ÁGATA ABAD

Hay varios itinerarios señalizados de diferente longitud que parten del Punto de Información. El más largo tiene unos siete kilómetros, pero no pasa por algunos lugares de interés, como dos árboles monumentales —Pino Candelabro y Pino Abuelo— y deja fuera varias torcas. Los track de estos itinerarios se pueden descargar de la web de áreas protegidas de Castilla–La Mancha. Si uno desea no dejarse nada atrás, sugerimos seguir la siguiente ruta que enlaza hasta 27 torcas. Hay que tener muy presente que la mayor parte del recorrido se hace campo través y por un bosque de pinos, por lo que es necesario ir atentos al track.

ITINERARIO

Comenzamos la excursión en el aparcamiento de la Torca de la Novia. Cuentan que su nombre se debe a que a ella se lanzó una joven para escapar de un matrimonio concertado. Emprendemos la marcha cruzando el camino y continuando por una pista que sale en dirección opuesta al aparcamiento y que avanza paralela al arroyo de la Palancosa. A unos 400 metros a la derecha del camino está la torca del Tío Señas. Regresamos al camino y unos 100 metros más adelante, a la izquierda del camino, se alza el Pino Candelabro, un curioso ejemplar con más de 400 años en sus ramas.

Regresamos al camino asfaltado continuando por éste hacia la derecha. A un kilómetro y medio, aproximadamente, arranca a la derecha un camino forestal que nos acercará al Pino del Abuelo, al que se le atribuye una edad de entre 500 y 600 años. Parece ser que el motivo de que estos pinos monumentales hayan llegado hasta nuestros días es que no son rectos completamente, por lo que no eran buenos para la fabricación de vigas de madera, salvándose así de la tala.

Lagunas de colores

La laguna del Tejo o laguna Azul, en el grupo de las Lagunas de Cañada del Hoyo.

A no mucha distancia de las Torcas se encuentran las Lagunas de Cañada del Hoyo, siete lagunas permanentes que ocupan otras tantas torcas o dolinas y que se caracterizan porque el agua de cada una de ellas tiene un color diferente, desde tonos azules, negros, verdes, y hasta rosa, debido a los raros microorganismos que viven en ellas. La profundidad de las lagunas oscila desde los 4 metros de la laguna de las Tortugas, hasta los 32 de la Laguna del Tejo, que posee la anchura máxima con 200 metros. Las lagunas son refugio de una importante población de anfibios y reptiles, siendo destacable la presencia de la única población del amenazado galápago europeo en la provincia de Cuenca. hay un pequeño sendero que recorre las lagunas de titularidad pública: la de la Cruz o Laguna Verde, Lagunillo del Tejo o Laguna Negra y laguna del Tejo o laguna azul. El resto de las lagunas están en terreno privado y debe concertarse una cita para su visita.

Regresamos al camino asfaltado, lo cruzamos y comenzamos a caminar campo través en dirección noroeste casi en línea recta algo más de un kilómetro en busca de la torca del Tío Joaquín, que está separada del grupo. En otros 700 metros campo a través llegaremos a la torca Lanilla y la hermana torca de la Perla, pero antes pasaremos por un bosquete de tejos.

Alternando pistas y campo a través iremos enlazando una tras otra las torcas de la Bañera, la Larga y la del Medio Celemín, la torca que está situada más al norte y el punto en el que damos un golpe de timón para iniciar el regreso. En seguida sale a nuestro encuentro la torca las Mellizas, en realidad dos torcas unidas y pegadas a la torca de la Zorra. Bordeamos esta última unos 200 metros hasta salir a un camino que se dirige a la contigua torca de la Covacha. En una curva abandonamos el camino por la izquierda para asomarnos a la torca Aliagosa,

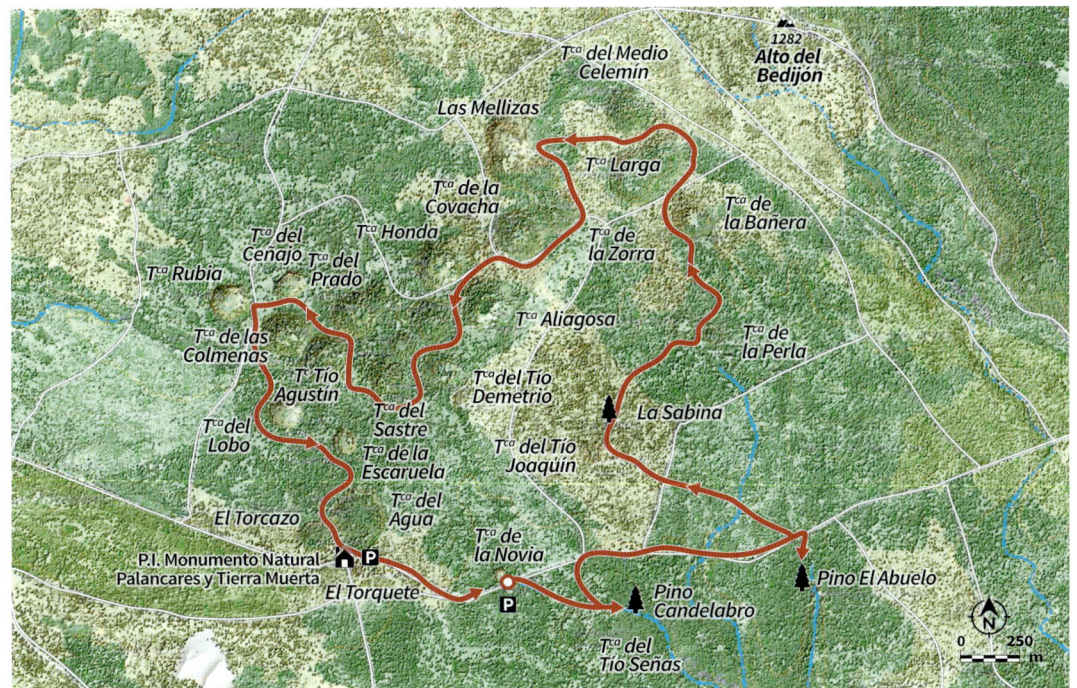

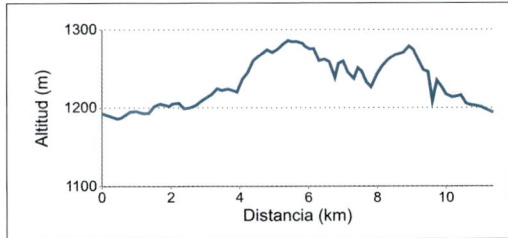

FICHA TÉCNICA

COMIENZO: aparcamiento de la Torca de la Novia. **TIPO:** circular. **LONGITUD:** 14,03 km. **DESNIVEL:** +259 m. **CARTOGRAFÍA:** hoja 610-4 del IGN 1:25 000.

TRACK: https://desni.in/torcaspalancares

una de las más extensas y profundas del grupo. Justo al lado está la torca Honda, que tiene una profundidad de 79 metros.

Dejamos atrás las últimas dos torcas y abandonamos el camino por la izquierda continuando por una senda que visita las torcas del Pancho, del Tío Demetrio, de los Avellanos y la del Sastre. Después de esta última, dejamos la senda y campo a través vamos en busca de las grandes torcas del Tío Agustín y de las Colmenas. Esta última es la más profunda: 91 metros.

Unos metros al norte está la torca del Ceñajo y a su izquierda la Rubia. Continuamos la excursión poniendo rumbo sur, lo que nos lleva a bordear por el oeste la gran torca de las Colmenas. La siguiente dolina en la lista de visitas es la torca del Lobo. Una leyenda cuenta que un pastor se libró de morir helado en esta torca gracias a que el lobo al que daba caza le dio calor durante la noche. Continuamos caminando bordeando la torca por el oste rumbo a la torca de la Escaleruela, la única a la que se puede bajar por una senda. Poco menos de 200 metros al sur está la torca del Agua, casi irreconocible por estar poblada de pinos. El caminillo pasa entre ésta y El Torcazo y conduce rápidamente al Centro de Información. Un kilómetro de camino asfaltado nos separa del aparcamiento de donde partimos.

La forma de las losas que culminan estos torreones
dieron nombre al paraje de Los Corbeteros
por su «parecido» a las tapaderas de los pucheros
llamados popularmente coberteros.

EL CASTILLO Y LOS CORBETEROS

El agua, la roca y el tiempo se pusieron de acuerdo para esculpir en la Serranía de Cuenca algunos de los paisajes más oníricos de la península ibérica. La Ciudad Encantada es el ejemplo más famoso y el más visitado. Si te atraen los lugares con aspectos surrealistas pero sientes rechazo por las multitudes, apunta estos nombres: El Castillo de Saladar y Los Corbeteros.

TEXTO: DIONI SERRANO. FOTOS: DIONI SERRANO Y JAVIER CARBALLO.

SI uno ha conducido por la nacional 420 camino de Teruel desde Cuenca o viceversa, es probable que recuerde un corto pero emocionante tramo en el que la carretera discurre por el fondo de un cañón hermanada al río Cabriel. A un lado de la carretera se alzan sonrosadas torres y paredes ennegrecidas por el tiempo y el musgo, y colonizadas por la yedra y los buitres. No es buen lugar para detenerse así que uno sigue conduciendo y deja atrás el desfiladero pensando, quizás, en regresar para observarlas con más calma. En realidad, estos impresionantes acantilados, que pueden llegar a tener un centenar de metros de altura en algunos puntos, son una pantalla que oculta un territorio donde el viento y el agua se han empleado a conciencia para modelar en la arenisca un paisaje cuajado de torres, tormos y cálices que parece haberse escapado de un cuadro de Dalí.

ITINERARIO

Un pequeño y proverbial ensanche en el kilómetro 486 de la N-420 nos permite aparcar el vehículo justo enfrente del camino por el que vamos a comenzar una excursión fantástica que agradecerán, sobre todo, los aficionados a la Geología y la fotografía. Hay que cruzar la carretera con sumo cuidados, pues a derecha y a izquierda hay curvas que reducen mucho la

Aunque en la fotografía no se aprecie, la cima del Castillo de Saladar, que es la peña que se ve enfrente, conserva un lienzo de muralla. Debajo, una más de las curiosas formas rocosas que vamos a encontrar en esta excursión. Ésta está en Peñarroya.

visibilidad. El camino es una pista forestal en no muy buen estado que sube por el barranco del Reguero. En pocos minutos aparece a nuestra izquierda los muros rojizos que limitan por el este la gran pared que forma la parte más estrecha del desfiladero. El suelo está cubierto de cascotes de arenisca y de una fina arena rojiza producto de la erosión. A quejigos, robles, enebros y pinos no parece que les vaya mal en este suelo tan pobre.

Arriba, un poste de la ruta BTT Los Serranos en Hoya Hermosa, cerca de la ladera abandonada de Casas de Arriba del Cañizar, que se ve en la foto de la derecha. Debajo, buscando la fotografía más audaz en El Castillo.

No tardaremos mucho en llegar al lugar en el que abandonaremos la pista para tomar un camino menos importante que surge a la derecha. Enseguida encontramos la primera torre de arenisca roja, roca que es conocida como rodeno. La erosión diferencial deja a las claras como se formó esta roca. Los estratos más blandos se han erosionado más rápido que los más duros, normalmente más arriba, dando lugar a formas que lidian con la gravedad. Algunos pinos crecen en lugares insólitos.

Después de andar zascandileado por la torre buscando por donde subir para conseguir los mejores ángulos para las fotos, proseguimos sin perder el camino hasta que, de pronto, una flecha de roca aparece entre los pinos. Buscando el mejor camino en el bosque nos acercamos hasta dar con una torre roja, que tiene al lado una torre gemela, y que sustenta una gran mesa inclinada. Se puede acceder a ella por la parte

sur pero tiene un paso algo expuesto, así que si no se tiene práctica en escalada mejor no intentarlo. El esfuerzo, no obstante, tiene premio, pues la vista es fantástica. Tenemos justo enfrente otra gran torre que tiene, en la cima, restos de una muralla. Como no podía ser de otro modo, su nombre es El Castillo de Saladar, también conocido como Castillo de las Hoyas, del Cañizar o de Pajaroncillo. Se puede subir a su cima trepando por un par de tramos equipados con cadenas y una cuerda fija –que nosotros no encontramos–.

La muralla tiene todo el aspecto de pertenecer a una atalaya medieval, probablemente árabe, que vigilaría el paso por el desfiladero del río Cabriel. La presencia de algunas cisternas excavadas en la roca apoyan esta tesis. Parece demostrado que antes de fortaleza fue castro celtibérico, un hecho que corrobora que en

esta zona haya un centenar de túmulos conocidos como Túmulos de Pajaroncillo.

Es fácil pasar más de una hora vagabundeando entre las torres que forman El Castillo, buscando el mejor punto de observación para ver el valle del Cabriel o el asiento más audaz para la fotografía que todos los seguidores aplaudirán en el instagram, de modo que cuando nos demos cuenta de lo que falta de excursión saldremos pitando. Lo primero es dirigirse hacia un collado cubierto de hierba al pie de otra gran peña y buscar entre un bosquete de roble melojo la senda. Algunos hitos ayudan a localizarla.

Enseguida tropezaremos con Los Castellones, otra gran torre roja que se puede rodear por ambas partes. Por cualquiera de los caminos encontraremos una fotogénica ventana donde es inevitable disparar otro montón de fotos. La senda, que se difumina a veces entre las placas

Debajo, una de las torres que forman el paraje de Los Corbeteros. A la derecha, fotografía algo «expuesta» en Peñarroya. Mejor no intentarla si se tiene vértigo. Debajo, en el camino del collado Escorial. Obsérvese el color del firme.

de rodeno y los pinos, nos conduce hasta el collado de los Arrieros, paso de la vía pecuaria Cordel de la Cabeza del Serval o del Collado de Vallohondo. Empezamos a bajar hacia Hoya Hermosa. Abajo, a la derecha resalta una gran construcción en ruinas que a simple vista parece un monasterio. En el mapa aparece como Casas de Arriba del Cañizar y es una aldea, propiedad de la familia Romero-Girón, construida para albergar las fábricas y a los trabajadores que se dedicaban a la extracción de la resina. Durante la guerra Civil fue utilizada como hospital, y en la postguerra como cuartel de los guardias civiles que combatieron a los maquis.

Al principio, la pista está en bastante mal estado y uno piensa en lo que sufrirán los ciclistas que pasen por allí siguiendo la ruta de Los Serranos, un itinerario circular de casi 200 kiló-

metros balizado por la Mancomunidad Los Serranos de Cuenca. Algo más abajo el camino mejora y aceleramos el paso para ganar el tiempo invertido en El Castillo y Los Castellones. Vamos a caminar por la pista unos tres kilómetros dejando a la derecha varios caminos que se dirigen hacia la carretera nacional. De pronto, la pista se esfuma y comienza una fuerte subida por una loma cubierta de pinos siguiendo, a ratos, los trazos de una senda que nos llevará indefectiblemente hasta una pista que recorre la ladera y que a los pocos metros desemboca en la curva de otra pista de sorprendente color rojizo. Es evidente que hay que seguir subiendo hacia el collado que se adivina arriba.

El collado Escorial es una encrucijada de camino. En que parte de frente lo seguiremos, pero más tarde. Ahora tomaremos el ancho

FICHA TÉCNICA

COMIENZO: kilómetro 486 de la N-420. **TIPO:** circular.
LONGITUD: 12,86 km.
DESNIVEL: +496 m.
CARTOGRAFÍA: hoja 636-1 del IGN 1:25 000.

TRACK: https://desni.in/corbeteros

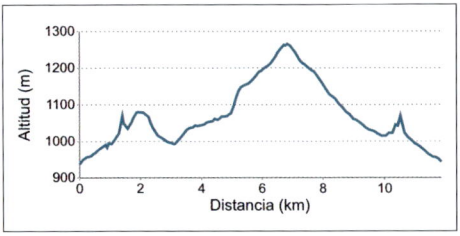

Un cartel de madera —el primero y único que encontramos en toda la jornada— señala el rumbo hacia Los Corbeteros, uno de cuyos torreones vemos en la fotografía de la página siguiente.

camino que sale hacia la izquierda para visitar la cima de Peñarroya, el puntal rojizo cuya presencia nos ha venido acompañando todo el camino por Hoya Hermosa. La media hora que vamos a tardar en llegar son una buena inversión porque el lugar es un inmejorable balcón sobre el valle del río Cabriel y las elevaciones que la envuelven. ¡Mucha atención si nos acompañan niños! De ningún modo hay que acercarse al borde de las rocas porque no hay ninguna barandilla que evite una caída que sería mortal

Después de una nueva sesión de fotografía y de tomar el almuerzo regresamos al collado Escorial. La pista que seguimos baja decididamente por el barranco del Reguero y no tarda mucho en dividirse. Continuamos por el ramal de la izquierda que se encuentra bastante deteriorado por las escorrentías de las recientes lluvias. Casi dos kilómetros más abajo, el camino vuelve a dividirse y, de nuevo, seguimos por la izquierda. Enseguida encontramos en un árbol un rústico cartel que señala la dirección hacia

Los Corbeteros (con b, y no con v como figura en los mapas). En pocos minutos veremos aparecer las siluetas de estas obras de arte naturales cuyo nombre, dicen, procede de una corrupción de la palabra cobertera, nombre que recibían las tapaderas de los pucheros, pues a eso se asemejan las losas que, en increíble equilibrio, culminan las torres de arenisca roja.

Lo menos que se puede decir del lugar es que es flipante y que recorrer el cordal donde se levantan es una experiencia fantástica. A cada paso aparece una roca más curiosa que la anterior, y cuando ya pensábamos que nada puede sorprendernos aparece ante nuestros ojos un trío de cálices que es el *sumun* de la fotogenia, pues a esta hora de la tarde el sol da un color especial a los peñascos. En buscar el mejor ángulo y el asiento más favorable para el posado se pasan volando los minutos.

Desde el último corbetero no es posible bajar directamente hacia la pista que se ve a los pies, pues lo impide un cortado de varias decenas de metros. Hay que buscar por la vertiente sur un pequeño y empinado callejón que conduce a la base desde donde es fácil alcanzar, campo a través, la pista justo en una bifurcación que resolveremos por la derecha. En este tramo encontraremos algunos pequeños corbeteros que dan ganas de llevarse a casa.

La pista que hemos alcanzado nos devolverá rápidamente al punto de partida, sin duda intercambiando impresiones sobre los parajes surrealistas que hemos visitado en el curso de esta excursión.

HOZ DEL RÍO GRITOS

El río Gritos se abre paso entre los áridos páramos de Las Valeras, en la Serranía Media conquense, originando una espectacular hoz a lo largo de seis kilómetros que tiene en uno de sus extremos una joya arqueológica de extraordinario interés: la ciudad romana de Valeria. Naturaleza e Historia se dan la mano es esta sencilla excursión que deja un estupendo sabor de boca.

Texto: Antonio Tejero / GE. Fotos: varios autores.

LA HOZ DEL RÍO GRITOS se encuentra situada en la zona más meridional de la Serranía de Cuenca, a unos 1000 metros de altitud sobre el páramo calizo cercado por los ríos Gritos y Zahorras. Cuesta creer que lo que hoy es una meseta rocosa fue un día el fondo del mar de Tetis que emergió hace muchos millones de años como consecuencia del choque de las placas africana e ibérica, dejando una superficie que la acción combinada del agua y el viento trabajaría hasta llegar al paisaje actual.

En las paredes del cañón se puede rastrear la historia geológica del lugar y también la humana. La hoz del río Gritos y la hermana hoz de Zadorra, han sido, desde tiempos remotos, lugares óptimos para la agricultura y la ganadería. Por eso, no es extraño que en ellas se encuentren restos desde, al menos, la Edad del

Cobre. Pero es la época romana la que más huellas ha dejado en este rincón de la serranía conquense. Caminando por la hoz descubriremos un miliario, un puente, restos de conducciones de agua, y las canteras de las que se sacó la piedra para construir la extraordinaria ciudad romana de Valeria, que podremos visitar durante la jornada. También encontraremos en el curso de la excursión otras huellas más recientes, como molinos de agua, un batán, una calera, un pozo de nieve, etcétera.

ITINERARIO

El sendero que nos va a llevar por la hoz está marcado con marcas verdes y blancas pues se trata del sendero local SL-CU 03. Hemos de acercarnos a la ermita de San Cristóbal, a las afueras del pueblo Valera de Abajo para comenzar la

ANTONIO TEJERO

A la izquierda, el extremo norte de la hoz del río Gritos vistas desde las proximidades del mirador de las Valeras. Debajo, señal del sendero que recorrer la hoz en el tronco de un añoso chopo, y un grupo de excursionistas en el citado sendero.

FOTOS: JESÚS GARCÍA PATÓN

caminata. La entrada a la hoz es inmediata pero primero hay que cruzar la carretera CM 2100 —con precaución, pues no hay un paso de peatones y hay que saltar por encima de los quitamiedos— y cruzar el río por un puente. Caminaremos un largo trecho por la margen derecha del río a la sombra de una frondosa alameda. Ni que decir tiene que es el principio del otoño el momento idóneo para acometer esta excursión por el color tan vivo que tienes los chopos. Caminamos por una zona de Especial Protección para las Aves (ZEPA), porque la hoz es vivienda de chovas piquirrojas, aviones roqueros, halcones, cernícalos, águilas, buitres, alimoches, búhos reales, alondras...

Al llegar a una pronunciada curva del río, cruzaremos por un puente y luego la carretera para seguir subiendo por la margen izquierda. Nos encontramos en la zona del Pico de la Muela. Nos envuelven grandes paredes rocosas donde es muy fácil que veamos escaladores, pues este lugar se ha convertido en una de las

Debajo, restos de la muralla árabe al sur de la ciudad romana de Valeria, en el Cerro de Santa Catalina que se ve en toda su envergadura en la foto de la derecha y que tiene, en primer plano, un puente romano.
Arriba, así se ve la hoz del río Gritos desde el mirador de las Valeras.

FOTOS: JESÚS GARCÍA PATÓN

ANTONIO TEJERO

escuelas más afamadas de Castilla-La Mancha con centenares de vías equipadas para la escalada deportiva.

La vegetación de ribera nos envuelve, hay numerosos paneles informativos a lo largo de la senda ofreciendo información de la geología, la vegetación, la fauna, etcétera. A un kilómetro de haber cruzado a la otra margen, veremos un antiguo pozo de nieve a nuestra derecha.

Cuando la hoz se ensancha aparece al frente un cerro que, como una proa, divide la hoz en dos: a la izquierda está el barranco de Zahorras, por donde continúa la carretera; a la derecha, el río Gritos describe una gran curva. Encima del cerro están las ruinas de la ciudad romana de Valeria. Pasamos junto a un miliario — columnas que se colocaban en las vías romanas para marcar las millas— y un arruinado molino. Un poco más arriba vemos a la izquierda lo que queda de un pequeño puente romano.

Proseguimos por la hoz hasta llegar a un puente, por el que cruzaremos a la otra orilla. Esta es una zona muy frecuentada por los escaladores. Nos despedimos del río Gritos y empezamos a subir hacia Valeria. Cada pocos metros encontramos carteles que explican lo que

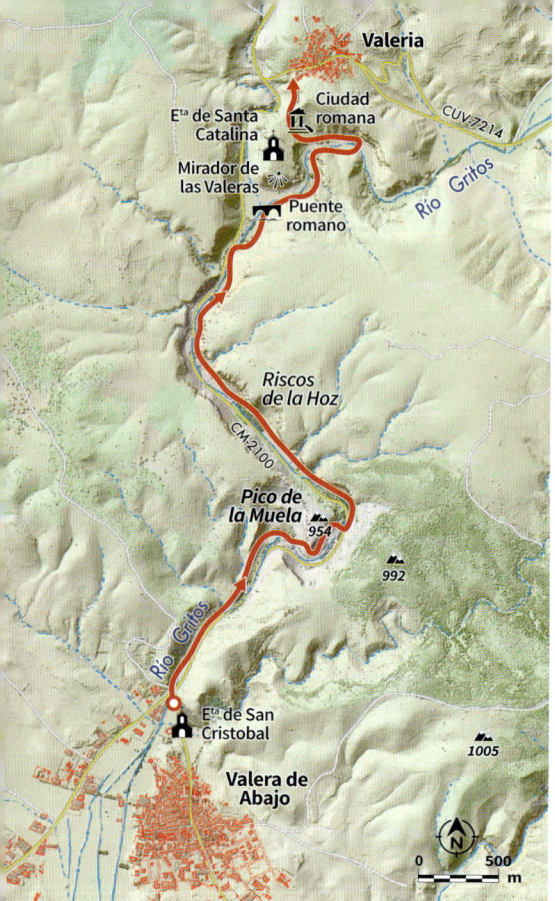

FICHA TÉCNICA

COMIENZO: Valera de Abajo.
TIPO: lineal ida y vuelta.
LONGITUD: 14 km.
DESNIVEL: +150 m.
CARTOGRAFÍA: hoja 663-1
IGN. 1:25 000.
TRACK: https://desni.in/hozgritos

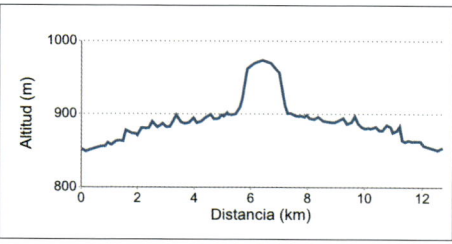

La hoz del río Gritos es una importante escuela de escalada con centenares de vías equipadas por deportistas conquenses.

estamos viendo. Ya arriba entramos en el antiguo pueblo romano de Valeria. Un sendero acondicionado nos guía por el yacimiento donde destacan la Casa de Adobes, junto al Foro, algunas casas privadas como La Casa de Valentín, el Foro, la Basílica, el edificio Prebasilical o Domus Publica, el Criptopórtico y el edificio de la Exedra, el Ninfeo (fuente ornamental de grandes proporciones), las cisternas que abastecían de agua las termas... hasta una casa colgada sobre una cornisa, precedente de las famosas Casas Colgadas de Cuenca.

A poco metros del yacimiento está el pueblo Valeria. Es aconsejable acercarse a él tanto para tomar un refrigerio antes de iniciar el regreso como para visitar la iglesia de la Sey, erigida sobre un antiguo santuario prerromano al dios Airón, y en cuyas paredes podemos ver columnas y estelas funerarias romanas, piezas visigodas, o su cubierta mudéjar. En su museo se exponen restos romanos, pintura barroca y renacentista o un importante conjunto de reliquias del siglo XVI.

ANTONIO TEJERO

La ciudad de Valerius Flaccus

Valeria fue fundada entre el 93-82 a.C. por Gaius Valerius Flaccus y alcanzó su momento de mayor prosperidad durante el mandato del emperador Augusto. En esta gran etapa se construyeron la mayoría de los edificios que rodean el Foro: la Basílica, el edificio Prebasilical o Domus Publica y el edificio de la Exedra. Valeria fue centro administrativo, político y religioso de un amplio territorio, el *territorium valeriense*. Bien comunicada con *Ercávica* (Cañaveruelas) y *Segóbriga* (Saelices) por la vía *Complutum* a Cartago Nova, Valeria es un ejemplo de ingeniería con su perfecto diseño para la provisión de aguas, acueductos que adaptados al trazado o excavados vertían a aljibes, y como estrella del conjunto, el Ninfeo, una fuente monumental con dependencias construidas a uno de sus costados, talleres y tiendas. Con la desaparición del poder romano, los visigodos heredaron el antiguo territorio, ahora como sede episcopal, dejando como es natural diversas huellas de su presencia. Más tarde, serían los árabes los que administrarían el territorio. De aquél momento, la huella más patente son los lienzos de muralla que quedan en pie. Por todo esto Valeria es un gran espacio monumental con dos puntos de interés especial, considerados BIC y protegidos por la Ley de Patrimonio Histórico de Castilla-La Mancha: la Ciudad Romana y la Iglesia de La Sey. Centro de Recepción de Visitantes. 969 250 264 y 618 649 030.

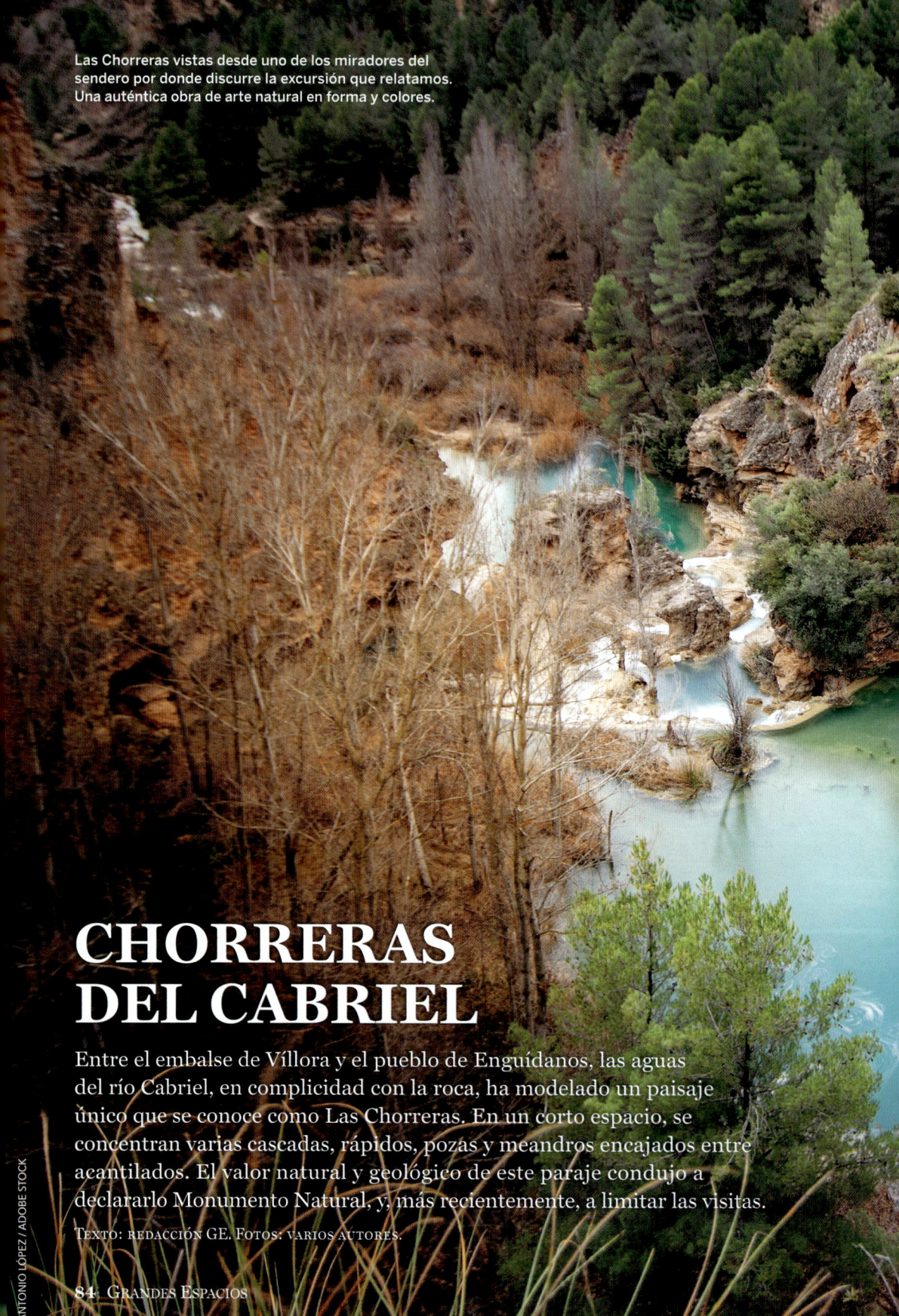

Las Chorreras vistas desde uno de los miradores del sendero por donde discurre la excursión que relatamos. Una auténtica obra de arte natural en forma y colores.

CHORRERAS DEL CABRIEL

Entre el embalse de Víllora y el pueblo de Enguídanos, las aguas del río Cabriel, en complicidad con la roca, ha modelado un paisaje único que se conoce como Las Chorreras. En un corto espacio, se concentran varias cascadas, rápidos, pozas y meandros encajados entre acantilados. El valor natural y geológico de este paraje condujo a declararlo Monumento Natural, y, más recientemente, a limitar las visitas.

Texto: redacción GE. Fotos: varios autores.

EL río Cabriel nace en los Montes Universales, en la provincia de Teruel, hace de frontera entre Valencia y las provincias castellano manchega de Cuenca y Albacete, y acaba tributando sus aguas al Júcar en la localidad valenciana de Cofrentes. Es un río famoso por sus muchas hoces —las más destacables son las que hay aguas abajo del embalse de Cofrentes protegidas como parque natural en la Comunidad Valenciana y como reserva natural en la castellano manchega— y sus aguas cristalinas que, dicen, son las de mejor calidad de Europa debido a que atraviesa zonas despobladas.

Sobraban argumentos para que, en 2019, la Unesco lo declarara Reserva de la Biosfera, y no era el menos importante el paraje de Las Chorreras, una serie de saltos de agua de gran belleza situados entre los términos municipales de Enguídanos y Víllora. Es un paraje que se considera excepcional por la entidad y las características de sus formaciones tobáceas que se ha declarado Monumento Natural. Dicen los expertos que la rampa tobácea, que tiene nada más y nada menos que 6700 años de antigüedad, es la mejor de la península. En un kilómetro y medio se distinguen varias fases de desarrollo de tobas que origina una serie de pozas comunicadas entre sí y cascadas muy singulares.

La toba es un tipo de roca que resulta de la unión del carbonato cálcico disuelto por el agua con musgos y líquenes y que es habitual en terrenos calizos. Menos habituales son los lugares en los que hay cianobacterias iguales a las que empezaron a hacer la fotosíntesis en el planeta hace 3700 millones de años, y que forman láminas de roca (estromatolitos) en las rampas de los cauces. Las Chorreras del Cabriel es uno de los pocos lugares donde existen estas

A la izquierda, el casco urbano de Enguídanos se extiende a la sombra del castillo árabe. Debajo, punto en el que el sendero PR-CU 53 se divide: a la izquierda va directo a Las Chorreras. Por la derecha lo hace por el paraje de Las Hoyas.

FOTOS: EMILIO VERA

bacterias y donde el proceso de petrificación sigue existiendo.

La gran afluencia de visitantes que recibía Las Chorreras, entre bañistas, senderistas y barranquistas, condujo a la Comunidad de Castilla-La Mancha a regular en 2023 las actividades de uso público. El acceso se ha limitado a 300 personas al día y ha quedado prohibido bañarse salvo en tres pozas concretas, así como transitar y deslizarse por las rampas tobáceas. Naturalmente, el barranquismo, que se practicaba aquí de forma habitual, también se ha regulado. Hoy, el número máximo de deportistas se ha limitado a 140 al día y siempre con reserva.

En cuanto al senderismo, sólo se puede recorrer el monumento natural por dos itinerarios: un recorrido interpretativo señalizado por la Consejería de Desarrollo Sostenible, y el sendero de pequeño recorrido PR-CU 53 cuya se-

ñalización fue renovada por el Ayuntamiento de Enguídanos en 2022. Está prohibido transitar campo a través.

ITINERARIO

El sendero PR-CU-53 comienza en la misma Plaza Mayor de Enguídanos, en la que mana una fuente de aguas naturales. Parece ser que el nombre del pueblo tiene origen griego y que significa lugar con mucho agua. Hay que dedicar un tiempo y perderse por sus calles buscando detalles que nos retrotraigan a tiempos pasados. No le faltan iglesias, ni fuentes, ni lavaderos a Enguídanos, pero lo más sobresaliente es su castillo árabe, construido entre los siglos X y XI en un escarpado cerro que ya había sido ocupado por un castro íbero romano.

El sendero baja bruscamente entre huertos hasta el río Cabriel y lo cruza por un puente de

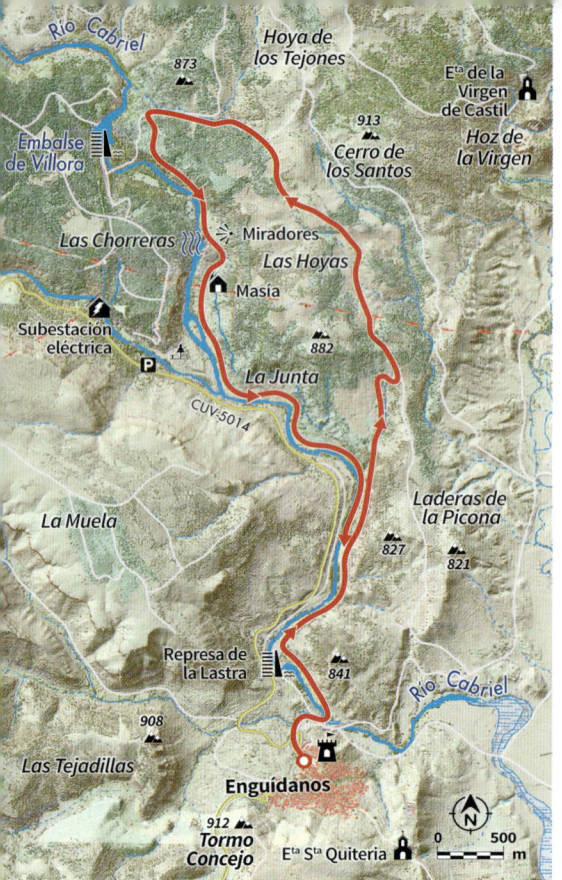

FICHA TÉCNICA

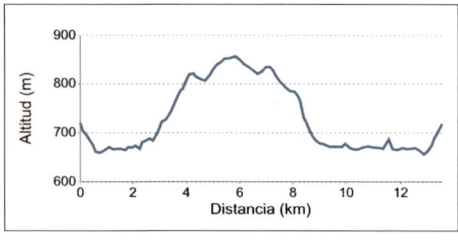

COMIENZO: localidad de Enguídanos (663 m).
TIPO: circular.
LONGITUD: 12,41 km.
DESNIVEL: +344 m.
CARTOGRAFÍA: hoja 664-4 del IGN. 1:25 000.
TRACK: https://desni.in/chorrerascabriel

El barranquismo en Las Chorreras ha sido regulado y también el senderismo. En la otra página, el punto del curso del río donde hay una casona abandonada cuyas proporciones hablan de un importante pasado.

hormigón para, a continuación, seguir por una pista hormigonada que va paralela al río aguas arriba. Aparte de las señales del pequeño recorrido se ven marcas del GR 66. Muy pronto dejamos atrás la presa del antiguo embalse de La Lastra y su mini playa y entramos en un amplio cañón que tiene a su derecha unos imponentes farallones rocosos llamado Los Morroncillos.

A unos tres kilómetros encontramos una baliza del sendero indicando como llegar a Las Chorreras por distintos caminos: la pista lleva directamente siguiendo el curso del río; el camino que parte a la derecha lo hace por el paraje de Las Hoyas. Con el propósito de hacer una excursión circular seguimos por este ramal que nos regalará con una vista a vista de pájaro del desfiladero del Cabriel.

Abandonamos pues la pista en favor de la senda pedregosa que asciende con decisión entre carrascas y romeros y que termina desem-

FOTOS: GOYO GARCÍA

bocando en otra pista que sigue ganando altura, pero ya en un ambiente menos montaraz. Entre olivos y viñas llegamos a Las Hoyas, el techo de la excursión y, por lo tanto, inmejorable atalaya del territorio que nos rodea.

Comenzamos un descenso entre pinos y pronto abandonamos la pista que continúa hacia la presa de Víllora para tomar un camino a la izquierda que queda reducido a una senda que inicia una suave bajada con rumbo sur hasta situarse al borde del Cabriel que ya corre encajonado.

El ruido del agua nos alerta de que nos aproximamos a Las Chorreras. Lo que ha construido aquí el agua y el tiempo es difícil de explicar; bien pudiera pensarse que Gaudí se inspiró en estas fantásticas filigranas de roca y toba para proyectar la Sagrada Familia. El contraste que se produce entre los rojos y amarillos minerales y el turquesa del agua es embriagador, y hay

que tener mucho cuidado de no exponerse mucho a una caída buscando un nuevo ángulo para las fotos.

Cumplido este trámite atravesamos una gran explanada algo alejada del cauce y continuamos el descenso hasta la orilla del río en el lugar denominado Las Juntas, donde el Guadazaón vierte sus aguas al Cabriel. Caminamos por una estrecha senda que acompaña a una acequia abandonada, como los huertos y las casas que van apareciendo. En particular, nos llama la atención una con tres pisos y numerosas ventanas. Su tamaño hace pensar en una explotación agrícola de cierta importancia.

La senda termina en una pista que transcurre por la margen el río y que es la misma que utilizamos al principio de la excursión pero en sentido contrario como corroborará la baliza en la que nos desviamos. Sólo hay que caminar por ella para regresar a Enguídanos.

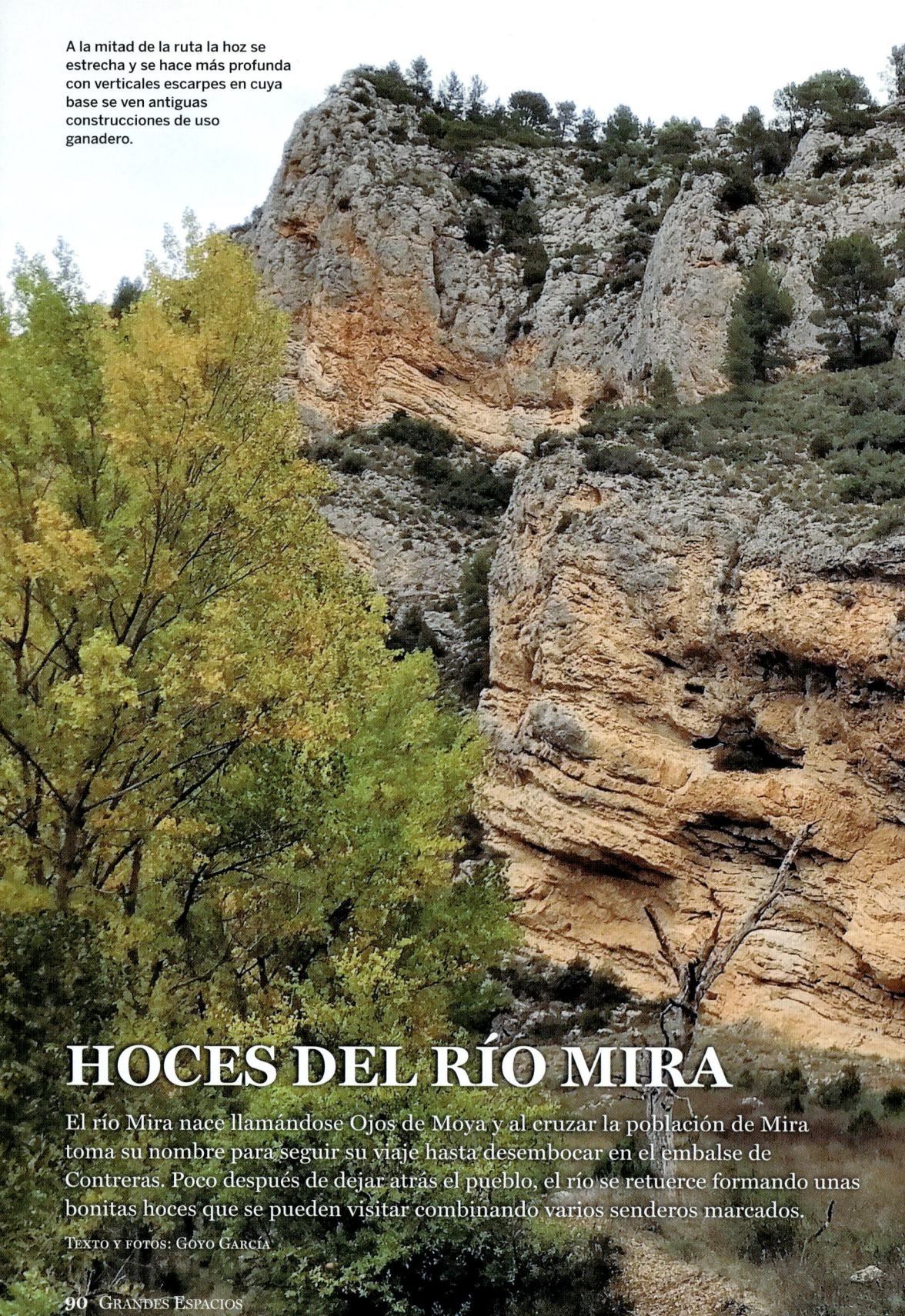

A la mitad de la ruta la hoz se estrecha y se hace más profunda con verticales escarpes en cuya base se ven antiguas construcciones de uso ganadero.

HOCES DEL RÍO MIRA

El río Mira nace llamándose Ojos de Moya y al cruzar la población de Mira toma su nombre para seguir su viaje hasta desembocar en el embalse de Contreras. Poco después de dejar atrás el pueblo, el río se retuerce formando unas bonitas hoces que se pueden visitar combinando varios senderos marcados.

TEXTO Y FOTOS: GOYO GARCÍA

El viaducto Villa Paz o viaducto de Mira de la línea de ferrocarril Valencia-Cuenca, es, desde luego, espectacular. Tiene una longitud de 220 metros y una altura de 74 en su parte central.

MIRA es una bella localidad de la serranía baja conquense, situada más cerca de Valencia que de la capital provincial, de la que la separan casi 100 kilómetros. El pueblo conserva un casco histórico de notable valor. De su plaza portalada parten tortuosas calles y plazuelas, que se adaptan a la ladera del monte, con rincones muy pintorescos y bellos ejemplos de arquitectura popular. Mira aparece en las guías de arte por su iglesia de la Asunción que tardó casi tres siglos en construirse y que, por tanto, muestra diferentes estilos artísticos. En otras palabras, un paseo por el pueblo puede ser la guinda que corone una buena jornada de excursionismo por las hoces que podemos comenzar en el propio pueblo o un par de kilómetros al sur, concretamente en el molino de la tía Veranea, también llamado de la Hoz y

de Fermín, al que se llega por cualquiera de las dos pistas que parten del pueblo a ambos lados del río Mira. Este es el único molino harinero de la zona que mantiene toda la estructura constructiva y la maquinaria. Tiene intactas las tolvas, las cuatro ruedas (ya que molía harina y pienso) y todo el engranaje. También mantiene la turbina generadora de energía hidráulica y el sistema de poleas. El molino es privado.

ITINERARIO

A pocos metros al norte del molino de la Hoz un pequeño muro de piedra con tejadillo y una composición pictórica hecha con azulejos indica el comienzo del Paseo Botánico Hoces de Mira, o lo que es lo mismo, el sendero local SL-06. El camino inicia una suave subida que va ganando altura sobre el barranco y la chopera que se pone espectacular en otoño. Hay que salvar 100

La primera y última parte de la excursión transcurre por el Paseo Botánico Hoces de Mira. En la otra página, buena parte del camino se hace a la sombra de un denso bosque fluvial.

metros de desnivel en algo más de medio kilómetro para llegar al mirador de las Ánimas. Es un tramo trabajoso ya que aparte de la fuerte pendiente la senda está semi oculta por el matorral. Más que fiarse del track hay que dejarse guiar por la vista y rastrear los mejores pasos. Si se quiere evitar este tramo hay que comenzar la excursión por la ribera izquierda del río, hasta llegar a un puente de madera que nos permita cruzar a la otra orilla y continuar por la senda siguiendo las indicaciones del GR-64 en dirección a Enguidano.

Las vistas desde el mirador de las Ánimas se hacen acreedoras del esfuerzo que supone llegar allí. Se acierta a ver una buena parte del cañón, y el contraste de las alamedas doradas con el entorno gris y verde del monte mediterráneo que rodea la hoz es muy fotogénico. Pero no hay que demorarse mucho porque, como quien dice, aca-

bamos de empezar, así que perdemos los metros ganados para bajar al nivel del río y encontrarnos con las marcas del GR-64 que seguiremos buena parte de la ruta. Se inicia aquí un largo paseo junto al río a la sombra de los chopos. Sólo el roce de las hojas mecidas por el viento y el rumor del agua interrumpe el silencio del cañón.

En la primera gran curva que hace el río entra por la derecha una pista. Un cartel del GR nos indica como seguir, algo que, por otra parte, es obvio. Las pequeñas terrazas de sedimentación que han quedado al borde del río se han utilizado para plantar viñedos. A partir de aquí las paredes del cañón se van haciendo más y más altas. En la base de una de ellas, agujereada por múltiples cuevas, sobrevive restaurada una vieja casa que debió tener uso ganadero en su día.

A la vuelta de otro fuerte recodo, esta vez hacia el norte, tenemos la oportunidad de subir a un

Las pequeñas terrazas de sedimentación que han quedado al borde del río se han utilizado para plantar viñedos. Debajo, vista del pueblo de Mira y de la alameda del Molino de la Hoz desde el mirador de las Ánimas.

mirador natural. Hay que ir con mucha atención porque la trocha no está señalada. En sus primeros metros, la senda sube por una pequeña canal hasta que alcanza en el alto otra senda más clara que conduce a unas ruinas. Junto a la pared derruida de la derecha encontraremos otra senda que pasa junto a unas bonitas formaciones y llega a un excelente mirador natural sobre las hoces.

Regresamos de nuevo al fondo de la hoz para continuar por el GR-64. En un corto trecho, las hoces se ensanchan permitiendo el cultivo de viñas. Nos acercamos al que es, quizás, el punto fuerte del día: el viaducto del ferrocarril Valencia-Cuenca llamado de Villa Paz o viaducto de Mira. Tiene una longitud de 220 metros y una altura de 74 en su parte central, con cinco grandes arcos idénticos y un sexto de menor tamaño. Se terminó de construir en 1936, aunque vio pasar el primer tren en 1942. Mirarlo desde

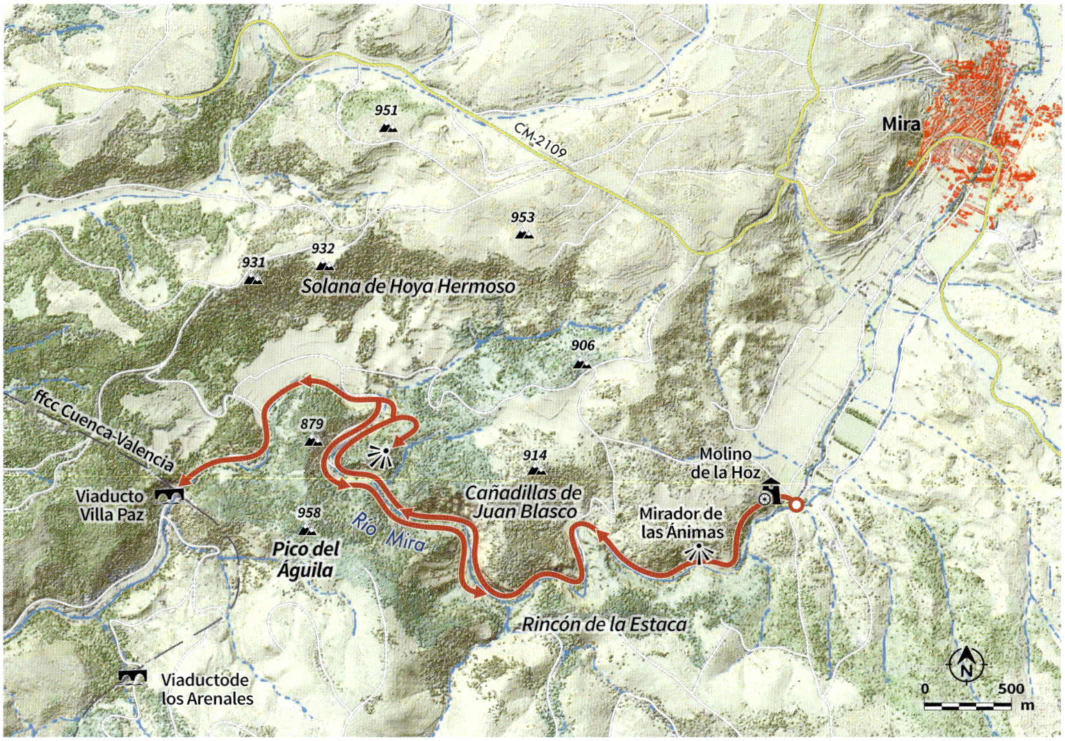

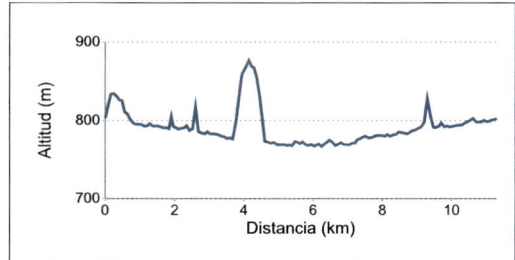

FICHA TÉCNICA

COMIENZO: Molino de la Tía Veranea, a las afueras de Mira.
TIPO: lineal ida/vuelta, con variaciones.
LONGITUD: 12,41 km.
DESNIVEL: +435 m.
CARTOGRAFÍA: hoja 665-3. IGN 1:25 000.
TRACK: https://desni.in/hocesmira

abajo da vértigo. Desde 2022, el viaducto no ve pasar trenes pues a consecuencia del temporal Filomena el Ministerio de Transportes suprimió el servicio en el tramo entre Utiel y Tarancón y comenzó a desmantelarse. Pero en 2023 el Tribunal Supremo suspendió cautelarmente el cierre del tramo hasta que culmine un proceso judicial iniciado por alcaldes de la zona.

Al otro lado del viaducto, nos pocos metros después, se encuentra el poblado abandonado de Villa Paz, probablemente utilizado por peones camineros u obreros del ferrocarril.

Iniciamos el regreso desandando el camino hasta llegar al final de los viñedos y pasar a la otra ribera para continuar por una agradable senda desde la que obtendremos una nueva visión de las paredes del cañón. Caminaremos por esta ribera un par de kilómetros hasta vernos obligados a cruzar de nuevo el río y entrar en el camino ya conocido. Caminaremos por él hasta encontrar el puente de las Ánimas que utilizamos para cambiar de ribera y retomar el Paseo Botánico. Sólo 700 metros nos separan del molino.

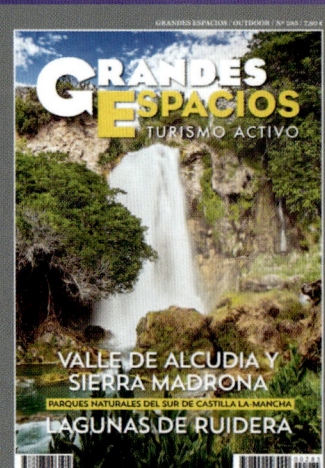